interpersonal communication

人際溝通

何　華　國　著

美國北科羅拉多大學教育學博士
嘉義大學特殊教育學系退休教授
南華大學師資培育中心教授

五南圖書出版公司 印行

序

　　個人自少年時期開始研習小學教育、輔導諮商、特殊教育，及從事教育工作，至今已屆四十年。其中先後於小學、中學、和大學從事教學與研究工作的經驗，以及兼任學校行政工作的感受，使個人益發覺得人際溝通在吾人日常生活、工作、學習、及人們各種交往互動的場合的確十分重要。有鑒於此，個人遂於 2002 年起藉在南華大學幼兒保育學系擔任「人際溝通」課程的機會，逐步進行本書的寫作計畫。

　　生活於地球村的人們是很難離群而索居的。一個人自呱呱落地後，就一直在和人互動中成長與發展。只要和人有接觸，溝通的活動就自然會發生。我們甚至可以說一個人終其一生，花費時間最多的應該就是和人互動與溝通的活動了。互動和溝通的概念是不容易劃分清楚的。事實上，互動即是溝通，而溝通就是互動。兩者就廣義而言，應該可以劃上等號。人際溝通既然占了人類活動絕大部分的時間，它所影響的除了人際關係外，更及於個人生命的所有範疇。我們常見的諸多家庭、社會、機構、產業活動、政府施政的問題，甚至於國際外交的折衝，莫不與溝通息息相關。就更具體的層次來看，一個人所要面對的家人互動、交友、職場、婚姻等種種的問題，也在在需要表現溝通的能力。事實上，一個人所遭遇大部分家庭、工作、社交上的難題，其本質正是溝通的問題。由此可見具備良好的溝通能力是何等重要。

　　本書的寫作，目的即在幫助讀者對人際溝通的性質、管道、過程、以及影響有效溝通的因素能有所掌握與運用。全書共分十四章。其呈現的順序，係從溝通的基礎之探討開始，漸次論及實際的溝通面

向。其中緒論、人際溝通模式、溝通的身心基礎、溝通之學習與影響因素、人際吸引力、溝通關係、語言溝通、及非語言溝通是屬於溝通基礎的性質；至於兩人的溝通、人際關係的發展、小團體解決問題的溝通、人際衝突、小團體輔導的溝通、及公眾溝通則是吾人可能涉及的溝通議題。各章內容除理論的介紹外，亦注意實務應用的討論。期使讀者在人際互動的場合，可以更自在地表現有效的溝通能力。

本書的出版，五南圖書出版公司負責人楊榮川先生與執行長楊碧雲小姐的支持，以及總編輯王翠華小姐所領導的編輯團隊之努力，作者深致謝意。此外，內子秀櫻，以及小兒東儒與菊修醫師，對個人最後日以繼夜寫作階段的容忍，本人也感激在心。

人際溝通的問題極為奧妙精微，欲做完整而深入的論述似乎不易。作者不揣簡陋，勉力拋磚，意在引玉，疏失或難避免，尚祈方家不吝指正是幸。

何華國　謹誌
2003 年 3 月 10 日
於台灣諸羅城寓所

著者簡歷

何華國

　　台灣省嘉義市人　民國三十六年生

現　職

　　嘉義大學特殊教育學系退休教授
　　南華大學師資培育中心教授

學　歷

　　台南師範專科學校畢業
　　台灣教育學院教育學士
　　美國北科羅拉多大學特殊教育碩士
　　美國北科羅拉多大學教育學博士

經　歷

　　國民小學教師、教務主任
　　國民中學益智班教師、輔導教師
　　台灣教育學院特殊教育系副教授兼特殊教育中心主任
　　台南師範學院特殊教育學系教授兼系主任
　　澳洲昆士蘭大學訪問學者

著　作

　　智能不足國民職業教育
　　高雄復文圖書出版社，民 71
　　特殊教育：普通班與資源教師如何輔導特殊兒童（編譯）
　　台北五南圖書出版公司，民 71
　　傷殘職業復健

高雄復文圖書出版社，民 80

特殊兒童心理與教育

台北五南圖書出版公司，民 91

特殊兒童親職教育

台北五南圖書出版公司，民 91

啟智教育研究

台北五南圖書出版公司，民 94

目　錄

第1章

緒　論

第一節　人際溝通的意義

一、人類溝通的性質

　　人類的溝通（communication）現象可謂無所不在，諸如人際交流、廣播、電視、報章圖書雜誌、電話、網際網路等，溝通機會可說越來越多，也更為多元。我們醒著時用於溝通的時間至少在 50%以上（Samovar, Brooks & Porter, 1969）。由此可見溝通在人類生活中的重要性。人類的言行、舉止、穿著、打扮等莫不在溝通其態度、需求、感受、價值觀等。這些溝通的方式從簡單到複雜，常見的有如下的類型：

　　㈠反射動作（reflex actions）：常見於蜂蟻等社會性昆蟲；人類眼睛遇外物來襲而眨眼。

　　㈡簡單的姿勢（simple gestures）：如狗兒高興時之擺尾；人類的揮手、擁抱。

　　㈢聲音（sounds）：如狗兒的吠叫；人類的笑聲。

　　㈣系統化的聲音組合（systematized combination of sounds）：此乃口語（oral language）之謂也。

　　㈤視覺符號：透過文字或符號以傳達訊息。

　　前述的五種溝通的形式，皆有可能出現在人類的溝通之中，而口語及文字尤其是人類獨有的溝通形式。

二、人際溝通之涵義

所謂人際溝通（interpersonal communication），指的是人與人之間的溝通或互動。這種溝通或互動包括傳送與接收訊息的過程。這種過程在人類或其他動物，彼此有機會接觸時必然會發生。

俞成業（民 74）認為：

> 溝通乃是利用種種方法，以傳達人與人之間的思想與意見，造成共同瞭解的認知行為和活動。（頁 4）

Trenholm & Jensen（2000）指出：

> 溝通是人類集體創造與調節社會現實（social reality）的過程。（p.5）

Wood（2002）更進一步指出：

> 人際溝通是人們之間，反映與建立彼此對個人的瞭解，並創造共有意義的一種選擇性、系統化、獨特、與持續的互動過程。（p.28）

就廣義而言，人與人彼此之間，任何形式傳送與接收訊息的過程，如書信往返、電話交談、當面對話等，皆屬人際溝通的範疇。然而狹義的人際溝通則須符合下列三個要件：

㈠參與者在空間上具有接近性。

㈡所有參與者傳送與接受訊息。

㈢這些訊息包括語言與非語言的刺激。

　　換句話說，狹義的人際溝通強調的是面對面雙向的交流與互動。透過這樣的交流與互動，不只可分享經驗，同時也是一種創造意義的過程。人際溝通之特殊處，就在於符號之創造與運用，正因為此一能力使得人類能間接與替代性地分享其經驗。不管人們如何藉由溝通以分享經驗或從事有意義的創造，Canary & Cody（1994）認為人際溝通可能涉及下列三方面的目標（盧蓓恩，民 89）：

㈠自我表達目標：人們如何表達自我的印象。

㈡關係目標：溝通如何造成人際關係的增進、維持、疏遠與結束。

㈢工具性目標：人們如何藉溝通獲取個人關注或支持。

　曾仕強與劉君政（民 80）也指出溝通具有下列四大目的：

㈠說明事物。

㈡表達感情。

㈢建立關係。

㈣進行企圖。

　　因而透過人際間訊息的傳達與接收，吾人似可藉此表情達意、促進關係、或完成特定任務。

第二節　人際溝通的特徵

一、溝通的層次

　　溝通的層次可按問題的種類、參與的人數、互倚的程度等加以區

分。茲分別說明如下：

(一)問題的種類：Shannon & Weaver（1964）曾將溝通的行為涉及的問題分成下列三種類型：

　　1. 技術問題（technical problem）：即溝通符號傳送的準確性。

　　2. 語意問題（semantic problem）：即所傳送的符號在傳達所欲傳達的意義之精確性。亦即遣詞用字之得當與否。

　　3. 效能問題（effectiveness problem）：即所接受到的意義對表現所欲行為之有效性。亦即能否達成溝通的目標。

(二)參與的人數：Dance（1967）指出按參與的人數可將溝通分成下列三種類型：

　　1. 個人內在溝通（intrapersonal communication）：口語的表達與接收皆發生於個人內在本身。個人的自我觀念與自我知覺亦屬此一層次的探討範疇。個人內在溝通是屬於個人自我的內在對話。

　　2. 人際溝通（interpersonal communication）：涉及兩個或更多人之間的互動。它屬於面對面的關係及某些非面對面的溝通（如電話交談）。

　　3. 個人對團體的溝通（person-to-group communication）：如公眾演講的場合、經由大眾媒體的溝通。

(三)互倚的程度：Berlo（1960）曾將溝通的互倚程度分成下列四種層次：

　　1. 物理的互倚性（physical interdependence）：因某種事件而聚合，人們的出現在物理上具有接近性即屬在溝通。如選舉時政治人物為某人站台，雖沒說什麼，但其支持傾向似不言而喻。

　　2. 行動與反應的互倚性（action-reaction interdependence）：一個

人說話，他人聽到並作反應。如某人說「Good morning, how are you?」有人即以「Fine, how are you?」回應。此一層次的溝通因有刺激，也有反應，故其互倚性較物理的互倚性為高，不過此一層次的關係並非特別有意義。

3. 期望（expectations）：此一層次的溝通包含同理心（empathy）的運用。此一層次的互倚性至少有一方在溝通時常會設身處地為對方著想，因而在傳達訊息時會表現更多的關懷。由於存在對溝通的預期，此一層次關係的深度明顯高於行動與反應的互倚性。

4. 互動（interaction）：溝通雙方皆致力於表現同理心的行為。此一互倚性的層次是溝通上的理想、目標、也是最難以達成，但卻是最令人滿意的。

二、言語溝通的特徵

在人際溝通中，言語或說話（speech）溝通可能是最重要，也是運用最多的方式。一般而言，言語溝通具有下列的特徵（Webb, 1975）：

㈠生理性的（physiological）：人類具有說話器官，也有聽覺器官。在從事口語溝通時也有能力從事其他活動。

㈡傳達性（transmission）：即說話者的言語在聽力所及的距離能被人聽到。

㈢移置性（displacement）：人類能談論不存在於其眼前的事物。

㈣可互換性（interchangeability）：聽者可重述其所聽到的而變成說話者。

㈤任意性（arbitrariness）：吾人所用的言語，其意義的取得係經由連結（associations），而非其被發聲的方式之結果。

(六)特殊化（specialization）：言語的主要功能乃在表達某種觀念以
　　跟他人溝通。說話儘管會造成鄰近空氣的騷動，但其目的是社
　　會性的而非生物性的。言語交流在人際間具有其特殊化的意涵。

(七)分離性（discreteness）：即不同的聲音組合代表不同的言語。

(八)範型的二元性（duality of patterning）：分離的聲音並沒有意義。
　　分離的聲音必須結合在一起才能形成有意義的單元。這種聲音
　　的組型（pattern），即成為有意義的言辭（words）。

(九)生產性（productivity）：分離的聲音的組合與再組合可以形成
　　言辭，言辭也可以各種組合排列及再排列，以表達吾人之思想
　　與感受。在某一語言的結構之內，人們幾乎有無限的生產性與
　　創造性。

　　由上述言語的特徵，吾人似不難理解人際言語溝通相較於其他動
物可能的溝通方式，實更為複雜、精緻，且更具有系統及創新的可能
性。因而言語溝通不僅是技術，更是一種藝術。

三、有效人際溝通之特徵

　　所謂有效的人際溝通，是指當由傳送者所意欲與發出的刺激跟接
收者所知覺與對之反應的刺激近似符合時，即是有效的人際溝通。這
樣的溝通效能似可由下列的公式加以顯示（Tubbs & Moss, 1978）：

$$P\ meaning/G\ meaning = 1$$

　　其中 G = 發出反應之人；而 P = 反應的知覺者
當發出反應之人（G）和反應的知覺者（P）對訊息所認知的意義一致
時，即屬充分與完全溝通，也就是達到有效的人際溝通之極致。而有

效人際溝通可能產生的結果，則包括下列幾方面：

(一)瞭解：即正確地接收所欲傳達的刺激之內容。

(二)愉悅：人際的接觸有助於愉悅的感受。

(三)態度的影響：影響態度要比瞭解更甚。

(四)促進關係：經由溝通所產生的人際關係越良好，越有可能產生
　　其他的溝通效果。

(五)採取行動：要溝通的接收者付諸行動是比較難的，不過若能先
　　獲得對方的瞭解，取得其同意，並與其保持愉悅的關係，則溝
　　通的接收者付諸行動的可能性將會提高。

第2章

人際溝通模式

第一節　人際溝通模式概述

一、模式之功能

吾人在探討問題時，常運用簡單的文字、圖示、公式等去顯示相關因素間的關係；這類的文字、圖示或公式，即稱之為「模式」（models）。Gerbner（1956）指出模式可發揮下列四種功能或目的：

㈠組織功能（organizing function）：將有關的變項及其關係有條理地呈現。

㈡啟示功能（heuristic function）：有助於找出新的假設以供考驗，並提供研究方向的指引。

㈢預測功能（predictive function）：由模式中已知的因素或變項以預測其他因素或變項之狀況。

㈣測量功能（measurement function）：某些模式亦可藉由數學公式的運用，以測量相關因素或變項之變化。

上述的這四項功能，似可做為評核人際溝通模式的重要指標。良好的人際溝通模式，所能發揮的功能應該是較為齊備的。事實上，「模式」這一概念與一般所稱的「理論」（theory）是相通的。吾人如欲作更明確的分辨，或可將「模式」視為「理論」的簡要形式。若就「理論」而言，其大致可發揮下列九種重要與重疊的功能（Littlejohn, 1999）：

㈠「組織與概括」知識（organize and summarize knowledge）。

㈡「聚焦」於某些變項與關係。

㈢「釐清」被觀測者為何。

㈣提供「觀測的方法」。

㈤「預測」結果與影響。

㈥「啟示功能」。

㈦「溝通功能」。

㈧作為判斷效能與適當性的「控制功能」。

㈨作為挑戰與獲致改變的「產生功能」。

二、人際溝通模式簡介

對於人際溝通過程，吾人若能以簡要的文字、圖示、公式等加以說明或解釋，必有助於有效掌握其中相關因素或變項的互動關係。茲就已知的若干溝通模式，分別列舉說明如下，以供參考。

㈠拉斯維爾模式（The Lasswell Model）

此一模式僅含一系列的問題，下列的過程即顯示Lasswell（1948）對溝通的觀點：

誰？說甚麼？以何種管道？對誰？有何種效果？

㈡薩南─威佛模式（The Shannon-Weaver Model）

此一模式包含下列五種基本的成分（Shannon & Weaver, 1949）：

1.　　　資訊源（information source）：說話者的大腦。
2.　　　傳送器（transmitter）：說話者的發聲器官。
3.　　　接收器（receiver）：聽話者的聽覺器官。

4. 終端器（destination）：聽話者的大腦。

5. 干擾源（noise source）：包含任何會使訊息傳達失真 的影響因素。

前述的五種基本成分的關係，則可以圖 2-1 加以顯示。

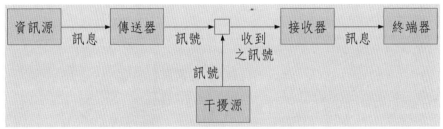

圖 2-1 薩南—威佛溝通模式

（修正自 Shannon & Weaver, 1949, p.98）

㈢傑諾模式（The Gerbner Model）

此一模式考慮到知覺、訊息的脈絡、及參與者的反應。Gerbner （1956）曾以下列的語言模式作說明：

某人	溝通者與聽眾之研究
知覺到某一事件	知覺研究與理論
並做反應	效能之測量
在某一情境	物理、社會環境之研究
透過某種方式	管道、媒體、設備的控制之研究
使現有的資料	管理、散布、接觸資料的自由
以某種形式	結構、組織、風格、款式
與脈絡	溝通環境、順序之研究

傳達內容	內容分析、意義之研究
屬於某種結果	全面的變化之研究

　　Gerbner（1956）的語言模式亦可以圖 2-2 予以顯示。圖中的 M 為溝通者，E 為被知覺的事件，E'為知覺到的事件，而 S 與 E 則為溝通的產物。

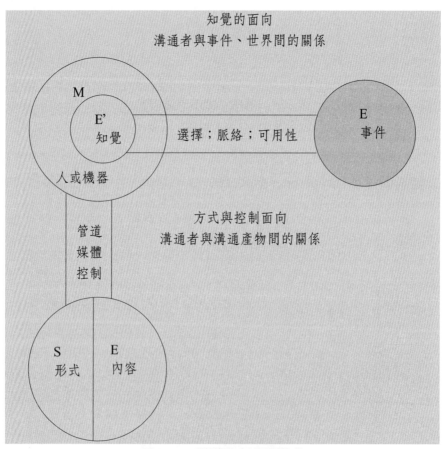

圖 2-2　傑諾基本溝通模式
（修正自 Gerbner, 1956, p.177）

㈣**史奎姆模式**（The Schramm Models）

　　史奎姆的溝通模式共有四種（Schramm, 1955）。這些模式從簡單（近似如薩南—威佛模式）到複雜（同時傳送與接收訊息）不等。茲從第一至第四種模式分列說明於後。

　　1. **第一種模式**：如圖 2–3 所示，來源——發訊者代表一個人傳送訊息（訊號）給其他人（收訊者——目的端）。

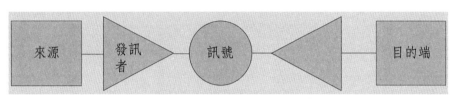

圖 2–3

（修正自 Schramm, 1955, p.4）

　　2. **第二種模式**：如圖 2–4 所示，係強調發訊與收訊者累積的經驗對溝通的重要性。

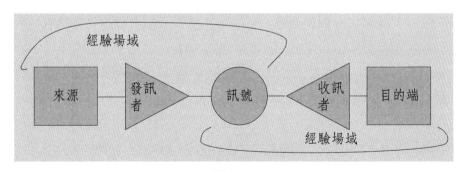

圖 2–4

（修正自 Schramm, 1955, p.6）

人際溝通

3.第三種模式：由圖2–5，吾人可知每位從事溝通者同時是發訊
與收訊者，他根據經驗去解讀其所發出與接收的訊息。

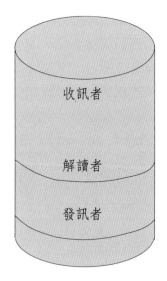

收訊者

解讀者

發訊者

圖 2–5

（修正自 Schramm, 1955, p.7）

4.第四種模式：從圖2–6可知，溝通係被視為持續回應（constant
feedback）的系統。溝通者雙方皆同時在進行發訊與收訊。發訊者——
解讀者並無法與收訊者——解讀者分隔，每一個人所發出的訊息，會
因對方的回應而受影響或改變。要是這個過程不是這樣具有動力、持
續互動性，則溝通將會終止。

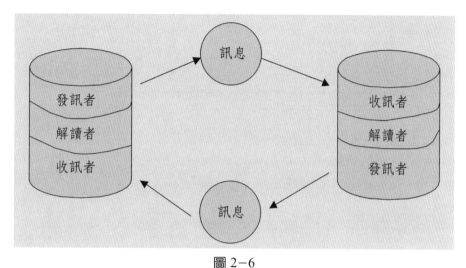

圖 2-6

（修正自 Schramm, 1955, p.8）

㈤伯洛模式（The Berlo Model）

　　此一模式（見圖 2-7）指出來源、訊息、管道、與收訊者為溝通過程的要素（Berlo, 1960）。影響這些要素的因素對溝通會有影響。例如發訊者與收訊者皆會受其態度、知識、和其社會與文化背景、及溝通技巧所影響。訊息受到傳達的是甚麼和如何傳達所影響。管道則與五種感官有關。有若干感官會同時發揮作用，顯示在多數的溝通情境中，多方面的訊息會同時被處理。

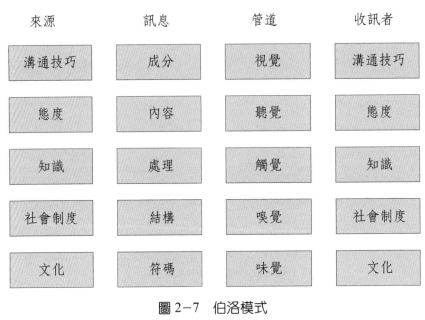

來源	訊息	管道	收訊者
溝通技巧	成分	視覺	溝通技巧
態度	內容	聽覺	態度
知識	處理	觸覺	知識
社會制度	結構	嗅覺	社會制度
文化	符碼	味覺	文化

圖 2–7　伯洛模式
（修正自 Berlo, 1960, p.72）

㈥丹斯螺旋線模式（The Dance Helix Model）

Dance（1967）主張的是螺旋線的模式（如圖 2–8）。此一模式結合了線性向前運行模式（the forward motion of a linear model）和循環延續作用模式（the continuing action of a circular model）。Dance 比喻其模式的性質有如兒童所玩之盤繞的彈簧。正如彈簧掉落階梯上，溝通即使當它向前在進行，卻也經常向後回應，而它的向前進行係因其過去的表現而定。

圖 2-8　丹斯螺旋線模式
（取自 Dance, 1967, p.296）

㈦實用人際溝通模式

實用人際溝通模式（pragmatic model of interpersonal communication）
是由 Fisher & Adams（1994）所提出（見圖 2-9）。此模式類似丹斯螺
旋線模式，不過要更為精密。它除了揭櫫人際溝通有如螺旋線之動態
流動過程外，更強調實用人際溝通模式係由個人內在系統（intrapersonal
systems；即個人，如 Syman & Megan）、人際系統（interpersonal sys-
tem；即關係）、及情境（context）三要素所組成的。這三要素在人際
溝通中皆有其重要性。

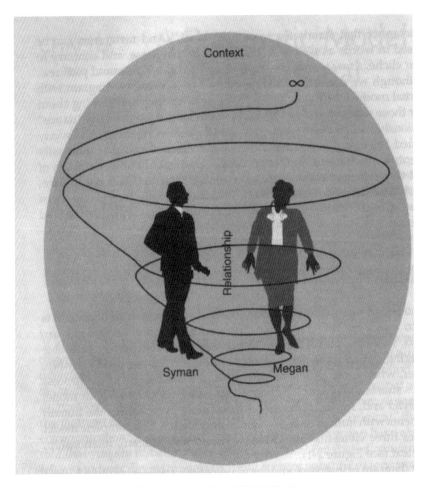

圖 2-9　實用人際溝通模式
（取自 Fisher & Adams, 1994, p.24）

㈧韋玻人際溝通模式

　　韋玻（Webb, 1975）認為人際溝通的研究就是人際關係的研究。
此一人際溝通模式如圖 2-10 所示。本人際溝通模式有下列幾個重點：

1. 人際溝通關係係隨著時間而發展。
2. 人際溝通的研究之核心是人際關係。
3. 人際溝通是動態的相互關係（dynamic interrelationship）：溝通者雙方皆同時且持續地在發送與接收訊息。
4. 人際溝通是一種交流關係（transactional relationship），這種關係不只存在於人與人之間，也發生於人與其環境之間。

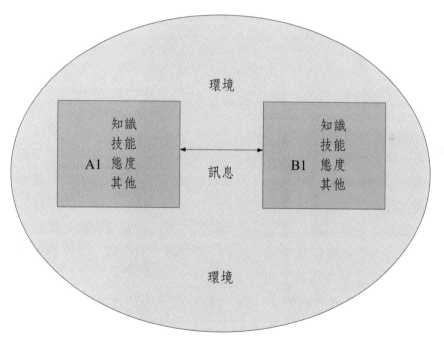

圖 2-10　韋玻人際溝通模式
（修正自 Webb, 1975, p.24）

第二節　人際溝通因素之分析

　　從第一節人際溝通模式的介紹中，我們可以瞭解在人際溝通過程中涉及諸多因素或變項。這些因素或變項皆可能對溝通造成影響，因此對相關因素或變項作進一步的分析與瞭解，應有助於人際溝通效能的提升。茲將重要的人際溝通因素分別扼要分析說明如下：

一、溝通者

　　在人際溝通中，一個人往往是收訊與傳訊者。同時身為收訊與傳訊的溝通者，其本身的自我觀念、需求、價值觀、人生觀、信仰、社會文化背景、知識經驗、溝通能力、心中所存在的社會常模、規範、角色、期待、刻板印象、以及對溝通對象的看法等，皆可能影響人際溝通與互動的狀況。

　　此外，在溝通的心理歷程上，資訊的接收視知覺與聽知覺皆有其重要性。兩者皆會經歷注意、感覺（視或聽）、理解、記憶等過程。其中特別值得注意的有下列兩項議題：

　　㈠訊息輸入（input）：人類就其個人、社會面、及生理上而言，不僅要依靠刺激，同時也須持續依靠不同與具變化性的感官刺激，以維持正常、明智、協調、適應的行為與心智功能（Brownfield, 1965, pp.74-75）。吾人之經驗係我們願意加以注意者；若無選擇性的興趣與注意，吾人之經驗將會是一片混亂（James, 1950, p.402）。

　　㈡訊息過濾（filters）：它是對刺激的感受或知覺能力的限制。包括生理（知覺過濾）與心理（心向）兩種層面。

　　1.知覺過濾（perceptual filters）：人類對聲光的感受有其生物學上的限制，此即為知覺過濾。這種限制是有個別差異的。知覺過濾的存在使得吾人在感官的功能上有正確性的問題。人際溝通的諸多問題，有的是由吾人在視聽覺的誤解所引起的。

　　2.心向（sets）：心向是一種反應的預期或傾向。對心向最有力的決定因素之一是文化（culture），如西方人士常出現的慕勒賴爾錯覺（Muller-Lyer illusion）及日常對話出現的：How are you? Fine, thank you. 即是。

二、溝通的訊息

　　溝通的訊息包括語言和非語言的刺激；兩者也皆有有意與無意之別。

　　㈠**語言刺激**（verbal stimuli）**：**是使用單一或更多言辭的口述溝通方式。

　　1.有意的語言：透過言辭從事有意識的企圖與他人溝通。

　　2.無意的語言刺激：無特意所言及之事物。

　　㈡**非語言刺激**（nonverbal stimuli）**：**吾人所傳達之所有無言語或超乎言語之刺激；如表情、姿態、語調、手勢、穿著等。

　　1.有意的非語言刺激：吾人所要傳達之非語言刺激。

　　2.無意的非語言刺激：在吾人控制之外所傳達之所有行為的非語言層面。

三、溝通的管道

　　人類的溝通管道主要有三種——聽、視、觸覺。吾人溝通管道的

選擇似受到個人與文化因素的影響；如在表達愛意時，西方人常以擁抱表示，東方人則較為靦腆，頂多以言語表達。

四、溝通的情境因素

溝通的情境因素，所代表的乃是溝通時所處的場合。它包括感官所能感知的一些實徵的情況，如桌椅的排列、環境的佈置、噪音水準等。其中最值得注意的是溝通的干擾。它是指任何扭曲傳達給接收者資訊或令其在接收時分心的事物。這些事物即是一種干擾（interference）或雜鬧（noise）。溝通的干擾常見的有下列三種情況：

㈠**訊號與雜鬧比**（signal-to-noise ratio）：即在某訊息中精華的資訊和無關或分心因素之間的關係。

㈡**技術性干擾**（technical interference）：指的是導致接收者在意欲的資訊或刺激知覺扭曲的因素；如言語不清、背景音樂或他人講話的干擾等。

㈢**語意的干擾**（semantic interference）：當接收者對傳送者所發出的訊息並未賦予相同的意義時，即出現語意的干擾現象。

五、時間因素

人際溝通的過程有如鬆開的彈簧所呈現的螺旋狀之不斷地互動反覆，其中即有時間因素含涉其間。時間因素的作用有三：

㈠時間影響人際關係的強度：如馬拉松團體成員關係隨時間而變化。

㈡時間影響溝通的形式：如嬰兒與母親的溝通方式隨著其語言發展而改變。

㈢時間能改變溝通的風格（style）：如夫妻或熟悉的朋友間之言語變得減略（abbreviated）（Vygotsky, 1962, p.141）。

六、關係因素

溝通者彼此所存在的關係狀態，會影響彼此的互動是顯而易見的。面對陌生人與熟識老友，雙方的互動情況截然有別。此項人際關係因素所影響的不只是彼此傳送訊息內涵的性質，就連溝通方式也可能大異其趣。

從以上對人際溝通因素之分析，作者以為一個完整的人際溝通模式，似應將溝通者、溝通的訊息、溝通的管道、溝通的情境因素、時間因素、及關係因素等皆加以涵括。因此作者在本書所提出的乃是如圖 2-11 所揭示之「整合性溝通模式」（integrated communication model）。

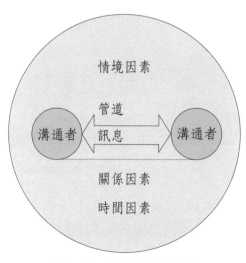

圖 2-11　整合性溝通模式

人際溝通

在整合性溝通模式中，溝通者本身的內在因素（如需求、自我觀念、價值觀、信仰、社會文化背景、刻板印象、溝通能力、溝通的心理歷程等），固會影響彼此的互動過程，其他如訊息的性質、溝通的管道、情境、時間、關係因素等的差異，也會使得人際溝通狀況產生變化。

第3章

溝通的身心基礎

第一節　溝通的生理基礎

一、聽話的生理基礎

　　在語言的學習上，聽覺器官是否能發揮良好的功能，其重要性往往不言可喻。聽覺器官從外至內主要包括外耳、中耳、內耳、聽覺神經、聽覺中樞等重要的部分。這整個聽覺系統如有任何缺損，皆可能影響聽話的效能。越是內在聽覺器官的損傷，其影響也越為深遠。一個人若因聾而致啞，似不足為奇。

二、說話的生理基礎

　　一般而言，說話的產生會經歷下列四個階段，而每一階段皆有相應的說話器官，以發揮必要的功能：

　　㈠呼吸：肺與相關的呼吸器官提供說話的能量來源。說話時係處
　　　　於呼氣而非吸氣階段。

　　㈡發聲（phonation）：由聲帶的震動產生。

　　㈢共鳴（resonation）：會產生共鳴的器官包括口腔、鼻、喉、氣
　　　　管、支氣管等。

　　㈣構音（articulation）：構音器官（articulators）包括牙齒、嘴唇、
　　　　面頰、舌頭、顎等。

三、身體語言的生理基礎

人際溝通除了語言行為外,也可能涉及眼光接觸、表情、姿勢、動作等肢體語言(body language)的表現。這些用以表達身體語言的器官若有損傷,則相應的溝通功能,就難以有效地發揮。

第二節　溝通的知覺因素

一、知覺原理

知覺(perception)是一種經由選擇、組織、與解讀人、事、物、情境,及活動而主動創造意義的過程。對此一定義首先須注意的是知覺是一種主動的過程(Wood, 2002)。換言之,我們並非外在世界現象被動的接收者,而是主動去創造自己、他人、及我們的互動關係之意義。任何知覺發生前,所有輸入的資訊或感覺皆會經過下列兩種過濾機制:

㈠先天感官的結構。

㈡吾人過去經驗對內容選擇與知覺途徑的影響。

Fisher & Adams(1994)則認為知覺包含以下幾種性質:

㈠知覺是經驗的。

㈡知覺是選擇的。

㈢知覺是推論的。

㈣知覺是評價的。

㈤知覺是脈絡的。

此外，吾人在選擇、組織與解讀所經驗到的外在世界現象時，選擇、組織與解讀這三種過程是連續與互動的，所以每一個過程皆會影響其他兩種過程。至於知覺的形成則常見出於下列之原則：

㈠形象－背景（figure-ground）：即對視、聽覺形象和背景的區分，如圖 3-1 所示。

㈡完形（closure）：大腦對感官留下未做的工作有加以完成，去填滿縫隙的趨勢，此一過程即稱之為完形。圖 3-2 為知覺完形之例子。

㈢連續性（continuity）：由於事物似繼續某一組型或依循某一方向，大腦有將其聚集在一起的趨勢。圖 3-3 與圖 3-4 為知覺連續性之例子。

㈣接近性（proximity）：彼此鄰近的元素，甚至它們之間沒有實際連接，仍會以某單獨組型被聚集在一起。圖 3-5 為知覺接近性之例子。

㈤相似性（similarity）：當元素彼此相似，不論顏色、形狀、或大小，吾人會將它們當作某一組型的組成部分。圖 3-6 為知覺相似性之例子。

㈥共同運勢（common fate）：朝同一方向運動的元素會被聚集在一起，而組成某一組型。例如，成「V」字型之群雁南飛，由於它們以緊密的隊形一起飛行，彼此又保持同樣的距離，因此即被看成具有一體性，而有別於雲彩、天空、飛機、或其他飛鳥。

㈦知覺的恆定性（perceptual constancy）：儘管我們感覺的意象是在變化，吾人仍將事物當作是相對穩定與不改變的這種傾向，稱之為知覺的恆定性。

圖 3-1　形象與背景之關係
（取自 Webb, 1975, p.106）

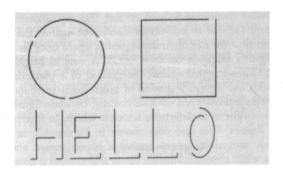

圖 3-2　知覺完形舉例
（取自 Webb, 1975, p.106）

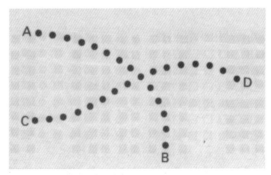

圖 3-3　知覺連續性甲例
（取自 Webb, 1975, p.107）

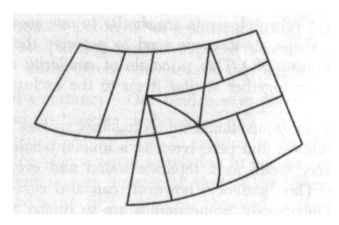

圖 3-4　知覺連續性乙例

（取自 Webb, 1975, p.107）

圖 3-5　知覺接近性舉例

（取自 Webb, 1975, p.108）

　　對於相同的人、事、物，吾人未必會有相同的知覺。影響知覺的因素，常見者如感官能力、身體狀況、年齡、社會角色、認知能力、動機、期望、個人經驗與文化背景等，皆可能導致選擇性的知覺（selective perception）。期望或心向（psychological sets）在吾人對物的知覺上有重大的影響。吾人對人與對物的知覺皆需注意到下列三要素：知覺者、知覺的對象、及知覺的對象所存在的情境。對人的知覺特別不

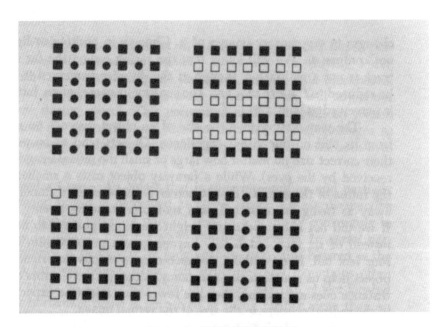

圖 3-6　知覺相似性舉例
（取自 Webb, 1975, p.109）

同於對物的知覺之處在於吾人的知覺與錯誤的知覺會影響，且持續地影響我們和他人的溝通與互動。多數或群體的意見也有可能影響我們對他人的知覺。此外，正確知覺者的特徵似包括來自於下列因素的影響（Tubbs & Moss, 1978）：

　（一）智力是一項主要的因素。

　（二）由一個人的行為從事推論的能力。

　（三）在權威性測驗上得分低者對他人會有較佳的判斷。

　（四）對本身有高度的客觀性者對他人的行為較能洞察。

二、知覺與溝通的關係

我們如何知覺世界決定我們知覺的是甚麼。我們是在思考與說我們的知覺；它們是我們唯一的實在（reality）。Rogers（1951）曾指出：

㈠「個人對其世界做反應，正如他經驗與知覺這個世界；因而，這種知覺的世界對個人而言，就是實在（reality）」。（p.484）

㈡「個人有一種基本的傾向與努力，去實現、維持、及提升他自己」。（p.487）

㈢「瞭解別人的行為最有利的作法，是從那個人的內在參考架構」。（p.494）

從前述Rogers（1951）的見解，吾人不難體會知覺與溝通的關係。每個人對世界有不同的知覺，也發展出自己的參考架構（frame of reference），由此影響他如何向別人溝通訊息，以及影響他如何解讀別人向他所溝通的訊息。不過吾人應知，正確瞭解別人的參考架構雖是有效溝通所必需，然而欲正確瞭解別人的參考架構，其最大的障礙卻是個人自己的參考架構。

說話是人類最重要的溝通方式。說話的知覺（speech perception）如何的確值得注意。吾人已知左腦對說話的知覺扮演較重要的角色，而右腦則對非說話聲音的知覺扮演較重要的角色。說話的知覺過程似與說話的產生密切相關。一般而言，說話知覺為說話者與聽話者平等參與的一種主動過程。聽話者首先須做初步的判斷說話者所送到的訊息為「說話」，其次再採用相同的規則（如果他是說話者的話他會使用的）以內在地產生此訊息。至於影響說話知覺的因素，常見者如下（Webb, 1975）：

㈠經驗或學習。

㈡脈絡（語言和社會的）。

㈢期望：又稱知覺的心向（perceptual set）。

　吾人若出現溝通失敗的情形，常可歸咎於溝通者彼此有不正確的知覺，或溝通者不知道他們的知覺是不正確的。因而欲提升知覺的正確性及人際溝通的品質，吾人必須從事以下的努力：

㈠因應知覺者、知覺的對象、及知覺的對象所存在的情境三要素中任何要素的變化，考慮知覺調適（perceptual adjustments）的需要。

㈡明白吾人的知覺是個人性、主觀、且會有錯誤的。

㈢避免揣測猜想，而不去檢核判斷的正確與否。

㈣與他人一起檢核知覺的正確性。

㈤分清事實與推論間的差異。

㈥留意可能出現維護自我的偏見（self-serving bias）。

㈦留意可能出現基本的歸因錯誤（fundamental attribution error）。

㈧注意對標示名稱（labels）的使用，因為語詞固可使經驗具體化，但也能使思想呆板僵化。

第三節　溝通的注意力因素

一、注意力的性質

　注意（attention）是在某一個時候，從各種刺激中選取某一對你是重要的刺激之過程。吾人往往選取和我們的需要或興趣最相關的刺

激去做反應。就注意力（attention）的成分而言，Moray（1970）認為注意力包括下列因素：

㈠心理的專注（mental concentration）。

㈡警覺（vigilance）。

㈢選擇（selectivity）。

㈣搜尋（search）。

㈤起動（activation）。

㈥心向（set）。

由前述注意力的要素，吾人可知注意力不僅是一種狀態，更是一種精微的過程。Miller（1956）認為吾人在某一時間能處理的刺激約為七個（正或負二個），過量刺激的呈現，將使人目不暇給或充耳不聞。因而價值設定（value-setting；選擇自認需要或有價值者）的過程有助於吾人選擇我們將注意的刺激，同時也可防止感覺刺激的超載；因為在某一時間吾人多半只能對某一刺激給予完全的注意。

二、注意力在溝通上的重要性

說話的溝通靠語言訊息的傳送、接收與反應，而接收與反應就有賴於注意力這一心理因素的介入。吾人傾聽的效能與注意的強度直接相關。雖然分散注意力是可能的，但卻不利於傾聽。在語言接收與反應的過程中，任何的分心皆可能導致對溝通訊息接收的不全或誤解，或對溝通反應訊息處理的失誤，終致影響溝通的效果。

第四節 溝通中的傾聽因素

一、傾聽的性質

　　傾聽是主動接收聽覺的資訊，它是一種選擇性的行為（selective behavior）。我們傾聽時所用到的，不只是兩隻耳朵而已。要想聽得好，我們不只要用到耳朵，也要用心。Rankin（1929）認為吾人花在溝通活動的時間有 45% 用在傾聽，30% 在說，16% 在閱讀，而有 9% 在書寫；所有這些活動就占了一個成人醒著的時間的 70%。由此可見傾聽在溝通上的重要性。Weaver（1974）曾提出如圖 3-7 之傾聽－注意模式（A listening-attention model）。

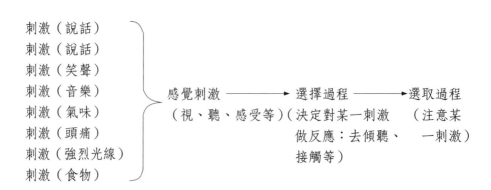

圖 3-7　傾聽—注意模式
（修正自 Weaver, 1974, p.31）

由圖 3-7 之傾聽－注意模式，吾人可發現傾聽和注意力具有密切的關係。聽覺器官完好的人，如在聽的過程中，無法全神貫注，聽所該聽，未必就是一個良好有效的傾聽者。良好的傾聽能力也須加以學習與培養。

二、影響傾聽的因素

　　傾聽在溝通的學習與表現上，其重要性是無庸置疑的。吾人若能瞭解影響傾聽的因素，或能對如何提升傾聽的效能，知所掌握。可能影響傾聽的因素，除了聽力是否正常這一關鍵因素外，尚有下列幾方面值得注意：

　　㈠經驗：如大人對小孩經常提醒的某事，可能即形成小孩聽話的漫不經心。

　　㈡態度與動機：通常吾人的某些偏見會干擾我們傾聽的能力與意願。我們的恐懼、焦慮與需求也會影響吾人對他人反應的品質與內涵。

　　㈢會引發強烈反應的情緒化語言：有些人會因對方冒出情緒化語言而分心，以致忽略了訊息的整個意義。

　　㈣傾聽的努力不夠：傾聽需要努力者甚多，諸如全神貫注，掌握訊息的意義、問問題、提供回應，有時尚要控制我們內在的分心因素、注意外在的干擾因素、及抗拒疲勞、飢餓、或其他會妨礙傾聽的生理狀況。要是努力不夠，傾聽的效果似不難想像。

　　㈤未能表現適當的傾聽型態（listening styles）：我們常須因傾聽目的、性別、種族、地域等之差異，而表現不同的傾聽行為。吾人若未能在傾聽型態上適當因應，不僅會影響傾聽效果，更可能造成不必要的溝通誤會。

㈥性別差異：Silverman（1970）發現男性的傾聽型態多是客觀、主動、心志堅定、分析、理性、頑強、反向表現、多管閒事、獨立、自足、情緒控制的；而女性的傾聽型態多是較為主觀、被動、心思溫柔、散漫、敏感、易受感動、讓步、善解、依賴、情緒化的。這種性別差異是否來自於早期對男女性社會角色的訓練，似值得探討。

㈦溝通情境之因素：如溝通之資訊的超載、複雜、及環境的吵雜，皆可能對溝通訊息的聽取，造成不利的影響。

三、傾聽技巧的精進

吾人除應瞭解影響傾聽效能的因素外，如欲實質精進傾聽技巧，下列原則的運用或有助益：

㈠全神貫注的傾聽：專注的傾聽不只在表示尊重，更是有效掌握溝通訊息的必要前提。

㈡傾聽應依據目標、情境、與對象而作適當地調適：我們傾聽的目的、傾聽的場合、及溝通對象的需求和情況，都是決定我們該怎麼傾聽的重要因素。

㈢主動地傾聽：我們須有意願全神貫注，組織與解讀他人的想法與感受，產生表達我們的興趣和強化意義內涵及關係水準之反應，且記住我們在傾聽過程所已經獲知者。

㈣瞭解說話者的目的：為瞭解說話者的目的，吾人須考慮其話語的脈絡、語氣、姿態、聲音、表情、態度、看法，並在推測其語意前不妨問幾個問題。

㈤避免草率與延續的刻板看法：避免對人有草率與延續的刻板看法，才有助於客觀地瞭解說話者的目的。

(六)瞭解自己的目的：時時提醒自己聽講的目的何在，將有助於提升傾聽的效能。

(七)反省語言的差異：說的語言儘管相同，卻可能由於社會、文化、種族、地域等背景的不同，而造成對語言瞭解的障礙。

(八)瞭解自己的偏見：瞭解自己的偏見有助於溝通時相互瞭解的傾聽與反應。

(九)瞭解說話者的偏見：瞭解說話者的偏見與隱藏的動機，會有助於雙方的溝通。

(十)檢核說話者的證據：應注意說話者的意見是否確有所本；適度健康的懷疑可能是有效的傾聽所必要。

(十一)聽出說話者的原意：欲聽出說話者的原意，須注意到其所傳達的所有語言和非語言行為；此乃顯示同理心的重要。

(十二)運用你剩餘的傾聽時間：在聽講過程的剩餘時間，心思仍應放在溝通的主題上面。

第五節　溝通中的態度因素

一、態度對溝通的影響

在人際溝通的過程中，需要人們對接收與所要傳達的資訊做適當的處理。資訊處理涉及人腦對外在刺激的反應、儲存、專注、回憶等的過程。一個人如何處理資訊，無疑地和其對所接收的資訊之態度有關。換言之，一個人對所面對的人、事、物的態度如何，不僅會決定他怎樣解讀所接收的資訊，也會影響他如何去做反應。吾人須清楚瞭

解自己和他人的態度才能做有效的溝通。態度這一心理因素的確對溝通有莫大的影響。因而瞭解態度如何形成,在人際溝通的研究上應有其重要性。

二、態度的形成

語言和思想是互相依存的。有人甚至於說,語言是外顯的思想,而思想是內在的語言。一個人的態度,事實上是其思想的表徵。目前有下列的理論,可用以解釋態度是如何形成的:

㈠**平衡理論**(The Balance Theory):在和環境互動及與他人的關係中,人們會努力去追求平衡。為避免壓力與衝突——不平衡,吾人習慣於將事件分成好或壞,以及將人分成像或不像我們自己(同類或不同類),同時我們會以這樣的分類為基礎,對我們的環境與關係做反應並形成態度。但如果出現認知衝突(cognitive conflicts)時,Newcomb(1953)認為溝通可提供部分的答案;經由詢問與討論,我們常可使不平衡的情境恢復平衡。因此,態度的形成或改變,可說是人們獲致心理平衡所必需。

㈡**信念相合理論**(The Belief-Congruity Theory):何以某些字與詞會引發我們的某些反應?Rokeach(1960)稱我們對語詞、概念、人等反應的集合為吾人態度的參考架構(attitudinal frame of reference)——一種經驗、情緒、需求、與信念的系統。Rokeach 認為一旦我們的信念與懷疑成立了,我們會努力去維持它們之間的平衡或一致。換言之,態度乃是個人信念的反映;只有信念改變,態度才會跟著改變。

㈢**自我介入理論**(The Ego-Involvement Theory):Sherif & Sherif(1969)認為一個人對他人或某些觀念的接納或拒絕,可歸因於其自我介入的強度。而一個人自我介入的程度,可以從其接納或容忍

不同於他的態度之意願推論得知。亦即他接納越少，則自我介入越大；介入越大，則越堅持過去的態度。此乃佛家所謂的「我執」之現象。

　　㈣**認知失調理論**（The Cognitive-Dissonance Theory）：Festinger（1963）指出，當我們需要從和我們的信念相衝突或無法適當評價的觀念或人物去做抉擇時，我們可能會處於認知失調的狀態。一旦處於那種狀態，我們會感到不自在，並想減低那種失調現象；我們可能會迴避那種會升高失調的情境與對話。當然我們也可能經由和人討論清楚，進而改變自己的態度，或經由貶抑某人或觀念，以降低其內在認知失調的狀態。

　　態度的改變和平衡、相合及失調之概念息息相關。當我們接觸到不同於自己的態度時，我們對所發生的失調之處理，係以改變自己的態度或行為，使我們可以降低失調的狀態。我們可能改變我們的行為而非態度，我們可能改變我們的行為和態度，或我們可能由於改變自己的行為而改變我們的態度。在每一種情況中，所採取的某種作為，可以讓我們維持自己的態度和信念間的相合或平衡。

　　除了從態度形成的理論可以瞭解人類的態度是如何產生外，吾人對他人所形成的印象，也會影響我們的溝通態度。對他人印象的形成，似受到下列因素的影響（Tubbs & Moss, 1978）：

　　㈠**個人的人格理論：**這是指個人並未說出之其所持隱含的人格理論，藉此以解釋或預測其所觀察到的他人行為。

　　㈡**第一印象：**首先出現的資訊往往最具決定性的影響力，此即所謂的首位效應（primacy effect）。然而首位效應也不是必然的；吾人如受到提醒，在做判斷時務必謹慎，或有其他活動干擾資訊的持續獲取，則首位效應可能被消除或顛倒過來。

　　㈢**特質的關聯：**如認為某人是冷酷、溫暖、或聰明的，則其各

自關聯的特質之印象也會跟著產生,此即所謂的月暈效應(halo effect)。此乃對他人印象的擴散現象;亦即印象好則好到底,印象壞也可能壞到底。

　㈣**個人的類化與刻板印象:**個人對他人印象的類化(generalization),多出自其有限的個人經驗或其所屬文化或社會所擁有的共同經驗。某一文化對其成員在對人的知覺之影響,於其刻板印象(stereotypes)最直接可見及。所謂刻板印象是某一文化普遍存在對於某一種人、物、或事件的一種類化現象。刻板印象所涉及者不僅是社會與種族群體而已,它更及於生理的特質(如髮色、頭髮長度等)。個人的類化與刻板印象固有其價值,但也可能扭曲我們的知覺,並干擾我們做正確判斷的能力。越是權威與封閉者似越有形成刻板印象之傾向;吾人若因而表現這樣的態度,自不利於人際的溝通與互動。

第 4 章

溝通之學習與影響因素

第一節 溝通之學習

一、溝通能力的多元性

人們所需要的溝通能力（communicative competence）往往是多方面的。Fisher & Adams（1994）將溝通能力界定為：「由個人的能力與表現使可能產生或由旁觀者所給與的適當與有效的互動」（p.221）。Trenholm & Jensen（2000）則認為溝通能力是「以個人有效與社會適當的方式溝通的能力」（p.10）；他們也指出溝通能力可以包括下列兩種層次：

(一)表現的能力（performative competence）：這是一種表面的層次。它涉及人際溝通時我們可以看得到實際表現出之能力的部分。

(二)過程的能力（process competence）：這是一種潛在的層次。它包括所有的認知活動及產生適當表現必要的知識。

此外，溝通行為不只有語言和非語言之別，針對不同的溝通目標、對象、場合等，我們需要表現的溝通行為也會有所差異。要想安慰人，我們需要說些取悅並表示同情的話語。在買房子磋商價錢時，我們需要表現堅決肯定的溝通態度。從事建設性地處理衝突問題時，我們需要耐心傾聽，並消減防衛性的氣氛。為支持受挫的友人，我們需要表示肯定，並展現我們的關心，且鼓勵友人把困難說出來。為與他人發展更密切的關係，我們需要知道如何以及何時去透露個人的資料，並知道如何以他人會感激的方式表示我們的關心。為營造良好的職場氣氛，我們需要知道如何以支持性的方式溝通，如何清楚地表達

我們的想法，以及如何有效地傾聽他人說話。溝通能力既是這樣的多元，溝通行為的學習的確是個值得注意的問題。

二、溝通行為之學習原理

人類的溝通能力是學來的，而溝通行為表現的差異有一大部分卻受到他人回饋及個人內在動機所左右。人類的溝通行為是如何學得的？也許下列的觀點可以提供我們不同面向的解釋。

㈠發展論

人類天生具有處理溝通訊息的潛能。只要我們遵循正常溝通發展的歷程，提供人們系統化與具有激勵性的溝通學習環境，則吾人應有能力自然發現溝通的符號與規則。

㈡古典制約

古典制約基本上是一種聯結的學習。如聽到某人的名字所引發的情緒性反應。某一名字原本是中性的，但過去有過的愉快或嫌惡的經驗，即可能聞名色變。

㈢工具式學習

透過行為之後所獲致的增強（reinforcement）以學到該行為，即是工具式學習。例如，嬰兒啼哭，引起大人的關注（關注即成為增強），日後就可能以啼哭來引起關注；換言之，他已學會用啼哭做為溝通的方式。在人際溝通學習中，增強的提供可以是語言的，也可以是非語言的。語言的增強包括認可與同意、讚美、支持、和恭維；非語言的增強包含正面或鼓勵性地使用笑容、點頭、注視對方、觸摸、身體的

接近、某種手勢（如翹起大拇指）及說話聲音的運用等（Hargie, 1986）。在工具式學習中常用到的原則尚包括消弱（extinction）、類化（generalize）、辨別（discrimination）等。經由工具式學習而學到的溝通行為，當事人往往需要表現主動積極的作為，這與古典制約學習的被動性，是有明顯的差異。

㈣互動論

人類溝通能力的獲得，係經由其知覺─認知能力與經驗的互動。人們的環境和神經系統的成熟度將會決定溝通能力的學習狀況。

㈤社會學習

溝通行為的學習係透過示範（modeling）或模仿（imitation）而產生。此外，替代性增強（vicarious reinforcement）（即看到別人某一行為受到增強，則本身也起而效尤表現該行為），也是社會學習的一項重要概念。我們常經由模仿別人的行為舉止，也藉著適應別人對我們的指導、回饋、及建議而學會（並不總是有意識地）非語言的技巧（陳彥豪譯，民 88）。由於社會學習的存在，也正提醒為人父母、師長、及社會上具影響力的人士，實有謹言慎行的必要，以免造成人們溝通行為學習不良的社會示範。

㈥社會促進

即他人的在場對一個人表現所產生的增進效果；一般而言，這種效果對新反應的學習是負面的，但對已充分學到之反應的表現則是正面的（Tubbs & Moss, 1978）。因而對已學得之溝通行為，若能再利用團體的場合多作表演，應可提高學習的成效。

第二節 回饋對溝通行為的影響

在與他人的溝通互動中，來自於對方的反應，即是所謂的回饋（feedback）。回饋對溝通行為的影響，大致有下列兩方面：

一、回饋對溝通行為具有增強作用

因回饋使得某種溝通行為發生或不發生。換句話說，增強作用有的是正面的，也有可能是負面的。在雙方互動良好的情形下，或許欲罷不能；但如話不投契，也很可能變得半句多。在實際溝通的場合，說話者流利的程度、說話的速度、陳述的長度、音量的大小、怯場與否、眼光的接觸，甚至肢體動作等，皆有可能受到聽眾正面或負面回饋的影響（Gardiner, 1971）。

二、回饋具有提供資訊的價值

回饋也是有關自我（self）重要的資訊來源。透過回饋的行為，吾人增加了對於我們自己和其他人的覺察能力。雖然我們可以不斷練習溝通行為的傳送與接收，要是得不到規律與正確的回饋，我們就無法改進溝通的能力。個人自我概念（self-concept）的形成，有部分之影響因素係來自於他人的回饋。個人對自我的看法，也反過來會影響其溝通行為。一個自小受到鼓勵的孩子當然充滿自信，其舉止言談也就樂觀自在。而從小受到批評責備的孩子，就可能變得言行膽怯退縮了。

第三節　溝通行為與動機

　　人類具有各種生理與心理的需求，這些需求即所謂的動機（mo-tivations）。在某種程度上，個人各種需求的強度會決定溝通行為的表現取向。茲將人類常見與溝通行為相關的心理需求或動機，扼要敘述如下：

一、密切關係的需求

　　這種需求的程度與所表現的溝通行為（如座位的接近性、是否有笑容、點頭的多少、手勢的使用、支持性的言語等）具有密切的關係。具有和他人建立密切關係需要者，其溝通行為當然會顯得友善、熱絡；而不具這種需求者，若出現平淡、冷漠的溝通行為，似不足為奇。

二、成就感的需求

　　即在表現能力與獲得成就的認可之動機。具有高成就動機者往往是社會化的、表現自信、欲駕馭別人、想吸引他人注意、話講得比別人多等；不過在此一需求上，男女兩性所表現的特質似有差異存在。例如，具有強烈成就需要的婦女，特別是那些極端聰明者，也常具有很高的焦慮。這種情形有人曾以女性不像男性具有競爭的需求來加以解釋（Tubbs & Moss, 1978）。不過 Horner（1969）卻指出，男性在有成就表現後會期待有正面的結果，而女性則常將成就表現和負面的結果，諸如社會拒絕與喪失女性氣質，認為有所關聯。

三、獨斷性

當吾人在溝通時會不斷對觀念、人物、權威作評價,即所謂的獨斷性。個人看事論理的獨斷性即成為所謂的獨斷主義(dogmatism)。獨斷主義所表現者乃是我們如何地相信,而非我們相信的是甚麼。過度依賴權威使一個人變成獨斷封閉。獨斷主義可能從父母的態度而學得。個人的獨斷性將影響其與他人的溝通互動。

四、權謀性

權謀性是人際關係中的操縱行為,亦即所謂的權謀主義(machi-avellianism)。高權謀者的特性如較高的情緒分離(emotional detachment)、更多的操控、超越、說服、且常較少被說服、常出現冷淡症候(cool syndrome)等。低權謀者一般係社會性取向,而高權謀者則是任務取向。具有高權謀需求者會比低權謀者,在溝通行為的表現上顯得更為急切而積極。

第5章

人際吸引力

第五章 人際吸引力

第一節 人際吸引力的基礎

一、人際吸引力與溝通

在人際互動的場合中，我們常會發現自己和某些人有較多的溝通，而跟另外一些人則少有往來，此乃涉及人際吸引力（human attraction）的問題。McCroskey & McCain（1974）指出人際吸引力的範疇涉及社會性、任務性、及生理性三項特質。一個具有吸引力的人可能很社會化、工作表現良好、或外表吸引人。

人際吸引力基本上是人際關係中對某人喜歡或不喜歡程度的問題。例如，當我們在選擇朋友、班級幹部、室友、結婚對象時，多會表明自己的喜好情況；換言之，某些人對自己特別有吸引力，而另外有一些人，你則可能避之惟恐不及。由此，你將不難想像，對於具有吸引力的人，你和他們往來互動的興趣與意願，將可能更高。因而，瞭解人際吸引力的狀況，應有助於預測溝通的訊息會從誰發出，訊息將會傳給誰，以及訊息是如何被傳送的。

二、達克的吸引力過濾理論

達克（Duck, 1973）曾提出吸引力過濾理論（filtering theory of attraction）用以解釋我們何時以及如何運用他人的語言與非語言線索，以認定彼等是否具有吸引力。他認為人們是用一連串獨特與序列的準則去評價彼此是否具有吸引力。我們對於舊雨和新知是否具有吸引力的

人際溝通

評價方式並不相同。當彼此的關係更密切時，吾人會以不同的準則，去認定是否具有吸引力。這些準則就發揮如過濾器的功能，以篩掉那些我們不想交往的對象。根據此一理論，這些過濾器及其作用的順序如下：

㈠社會性或偶發的線索（sociological or incidental cues）：吸引力的頭一個準則，是人們必須有機會去彼此觀察。諸如住家或工作地點的接近、交往互動的頻率、以及對未來碰見機會的期待等，皆有助於吸引力的培養。

㈡互動前的其他線索（other pre-interaction cues）：當我們知道有可能跟某人再見面時，我們從遠處會開始注意其行為。諸如身高、體重、面貌、衣著、服飾等，即成為認定是否具有吸引力的基礎。吾人可能會運用這些線索決定要不要主動去交談，如果要的話，甚麼話題才是適當的。

㈢互動的線索（interaction cues）：一旦互動開始後，我們得到的資訊就更多了。彼此喜歡的話題、每個人說話時間的長度、對談的順暢性、眼光接觸持續的時間、交談的距離等，皆可能幫助我們確定喜歡程度的線索。一般而言，我們互動得越多，社會性及互動前的線索在作為吸引力的基礎方面，就變得越不重要。

㈣認知的線索（cognitive cues）：最後，經由彼此的互動，使吾人可以對他人的態度、信念、及人格產生印象。一旦這些印象形成了，則某人是否具有吸引力，我們所根據的更可能是對這些認知特質的評價情形，而非其團體的屬性、衣著、或特定的行為。

達克的吸引力過濾理論似有助於瞭解人們如何從毫不相識，直到成為深交的過程。這個過程涉及對某人是否具有吸引力的評估。不過

58

達克的理論並未對影響人際吸引力的因素，提供完整的論述。吾人若要對人際吸引力的基礎有充分的掌握，則對人際吸引力相關因素的瞭解，仍是必要的。

三、影響人際吸引力的因素

對於人際吸引力的瞭解，或可從探討影響人際吸引力的決定因素入手。對人際吸引力具有影響的因素，大致有下列幾方面（Tubbs & Moss, 1978；Trenholm & Jensen, 2000）。

㈠美貌

美貌常是開始時構成吸引力最重要的基礎。因此，不管男性或女性，如因面貌姣好而成為萬人迷，應不足為奇。

㈡接近性

吸引力最明顯的決定性因素是接近性（proximity）；它是一種地理上的靠近性。換言之，在其他條件相等之下，兩個人在地理上越靠近，則他們彼此相互吸引的可能性會越高。「近水樓台先得月」與「眼不見，心不在」（out of sight, out of mind）皆是接近性的寫照。有關接近性效果的理論，曾有下列的觀點被提出：

1. 如我們知道將與某人非常接近──住在隔壁或一起工作一段長時間，我們會習於輕視或甚至忽略那個人較不好的特質。
2. 溝通的機會會因接近性而增加，因而強化喜愛的程度。
3. 熟悉性會增進喜愛的程度；接近性會增加互動的頻率，因而提高熟悉的程度。然而在不同的情況下，熟悉性也可能會強化敵意。

4.接近性固有時有助於不同文化間之溝通，不過亦有可能使原有的敵意更加變本加厲。

㈢相似性

這是彼此在特質（如身家背景、興趣、態度、價值觀）上的相似性越高越有可能相互吸引。由 Heider（1958）所提出的平衡理論（balance theory），可用以解釋相似性和吸引力的關係。根據此一理論，由於對一致性（consistency）或平衡的需欲（desire），使得吾人要我們喜歡的人，具有跟我們一樣相同的態度與信仰。平衡理論的基本前提是不平衡的狀態或情況有向平衡的方向改變的趨勢。平衡理論若以圖形來表示平衡與不平衡的狀態，可包括個人（P）、他人（O）與某些事物或觀念（X）。這三者的關係可由所形成的三角形加以表示。正的符號（＋）代表正面的感受，負的符號（－）代表負面的感受，而感受的方向係由箭頭來顯示。負的符號如為偶數或沒出現負的符號屬平衡的狀態（如圖 5-1）；負的符號如為奇數則為不平衡（如圖 5-2）。吾人若將平衡理論應用到實際的溝通情境實有下列明顯的限制：

1. 只將感受分成正面與負面，並未能顯示其強度的差異。

2. 只能用於僅限於單一態度之兩人間的溝通。

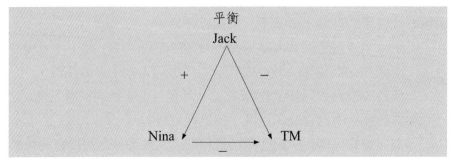

圖 5-1　平衡的狀態

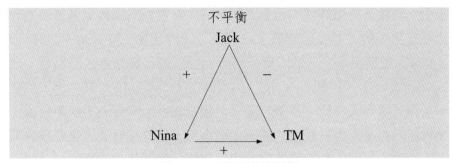

圖 5-2　不平衡的狀態

　　人際間的彼此吸引不僅是基於具有相似的態度，更由於背景、經驗、價值觀等的相似性。而對態度的相似性會造成影響的有下列變項：

　　　1. 兩人意見相同議題的比率：彼此贊同的議題比率越高，越可能成為好友。

　　　2. 態度的顯著性（salience）或重要性：在顯著的態度意見的一致性對決定彼此的關係是重要的。

　　　3. 相互喜愛的程度：是否我們感覺到我們喜歡的人也喜歡我們。

㈣相互愛慕

　　我們常因某人首先對我們表示愛意或有興趣，而被對方吸引住了。此乃因為被愛而跟著愛人。不過相互愛慕似有一個重要的前提，即每一個人都愛他自己。如果一個人有消極的自我形象（self-image），他就很難說服自己別人是真的喜歡他，而他也不容易用表示愛慕作為回應。

㈤補充的需求

　　根據Winch（1958）補充需求理論（theory of complementary needs）的觀點，吾人在擇偶與擇友時，我們會被最可能滿足我們的需求者所

吸引。就像某些對擇偶的研究所顯示的,在短期的關係上價值觀的一致性是重要的,而補充的需求只有在長期的關係上變得重要。Schutz(1958)更指出,每一個人有下列不同程度的三種基本人際需求:融入(inclusion)、控制(control)、與感情(affection)。其中融入的需求是指喜歡與人為伍;控制的需求是想控制別人的行為,或讓別人控制自己的行為;至於感情的需求,則指個人感覺需對他人表達感情或親密性,或讓他人對自己表達感情之想望。隨著關係的發展,一個人的需求配合或補充他人之需求的程度,會使得他們或多或少彼此相互吸引。

㈥本益關係

當人們在互動時,事實上也在從事資源的交換。這些資源有可能是諸如禮物、好處、時間、權利、金錢、服務、友誼、愛情等。在兩人間任何資源交換的結果,可以用得失來看待。當出現人際互動溝通時,一個人感覺到在成本與收益的比率,往往可作為預測人際關係吸引力的指標。

㈦情境

某些情境因素也會影響人際吸引力。具有影響力的情境因素包括下列幾方面:

1. 焦慮:產生焦慮的情境會影響我們與他人互動或交往的需求。而高焦慮會比低焦慮的狀況產生更強烈與人交往的需求。

2. 自尊的變化:當自尊近期受到貶抑時,我們與他人交往的需求會增高;我們也會變得更能接納他人的愛意。

3. 孤立:社會增強的剝奪,會使得吾人所產生與他人交往互動的強烈需求,凌駕我們可接受的朋友之標準。

前面所提的可能影響人際吸引力的因素，並非是靜態的。事實上，人際的互動會影響我們對所謂的美貌、接近性、相似性、愛慕、補充的需求、本益關係、情境等的知覺。我們會在溝通互動中創造出前述可能影響人際吸引力的因素；例如，兩個人可能有類似的需求，但除非他們讓對方明白他們的相似性，否則就沒有產生吸引力的基礎。

第二節　人際迎拒關係

一、人際迎拒關係之測量

透過社會測量法（sociometrics），吾人可以瞭解某一團體成員間的迎拒狀況。社會測量法係Moreno（1943）所創用，其實施方法頗為簡單。首先吾人可設計一些能讓某一團體中的成員，表示他們對其他成員喜愛或嫌惡意見之問題。例如最喜歡跟誰交往，最不喜歡和誰交朋友；或最喜歡與誰同車，最不喜歡跟誰同座等。其次要求團體中的成員針對所提出的問題，從團體成員中，提出一個或幾個人的姓名來作答。最後再根據所有提名的資料計算分數或繪製社會關係圖（sociogram）。社會關係圖係藉由圖示說明某一團體成員間的關係與其間的溝通聯繫。Moreno（1943）曾指出，在運用社會測量法時，吾人尚須注意下列幾點：

　　㈠引發成員提名的問題，需簡單明瞭。

　　㈡須保障成員提名時的隱密性。

　　㈢提名的限制應事先有清楚的交代。

　　㈣對於成員提名的人數不應作硬性的限制。

㈤每一種提名的活動,應有其確切的主題。

㈥應讓成員儘可能對真實的情境作反應;亦即這種情境會因其所作的決定而改觀。

二、極端人際迎拒關係之特質

在人際迎拒關係中,我們若以深受歡迎者與孤立者,這兩種極端的人物特質加以比較,則深受歡迎的人通常是具有吸引力的人,其可能出現的特質常是身體具吸引力、慷慨、熱心、慈愛、適應良好、善於社交、成熟、穩定等。而孤立者多是缺乏吸引力的人,彼等常見的特質是自我中心、自大、驕傲、獨斷、可憎、強求、雙面人、無誠意等。深受歡迎者與孤立者應是人際迎拒關係光譜上的兩個極端,不過吾人對彼等特質的瞭解,應可作為發展人際關係的參考。

第6章

溝通關係

第一節 人際需求與溝通

一、人際需求的性質

人類具有和他人發生互動的需求。而這種需求在與他人建立滿意的關係。Schutz（1966）認為人類具有下列三種基本的人際需求：

(一)融入（inclusion）：意欲對他人有興趣及希望他人對自己有興趣。如嬰兒啼哭以引起注意。融入的行為關注的是關係的「存在」（existence）。

(二)控制（control）：即希望基於相互尊重，經由滿意的關係，想要制馭及被他人所制馭。如努力把事情做好以獲得別人的稱許。在某一存在的關係中，控制所關注的是涉入的人之力量或能力。

(三)感情（affection）：即想要藉著愛建立密切的關係，以關心及被關心。如親子的互動、友誼、婚姻等。感情和在關係中的參與者之密切程度，或他們企圖獲致密切關係有關。

Maslow（1943）認為人類需求之層次自低至高依次是生理、安全、愛與歸屬、尊重、自我實現。而較高的（心理的）需求在較低的（生理的）需求滿足前，是不會出現的。

Maslow與Schutz對人類需求的主張，就其性質而言似有許多相似之處。這些需求絕大部分皆屬心理性的。其中「融入」的需求應與「歸屬」需求相當，「控制」的需求和「尊重」有關，而「感情」的需求則屬「愛」的範疇。

二、人際需求與溝通的關係

　　從 Schutz（1966）所提的融入、控制、與感情這三種基本的人類需求，似皆與人際的交流互動有關，亦即皆涉及人際溝通的範疇。Maslow（1943）所提的人類需求也多具人際互動需求的性質，當然和溝通也脫離不了關係。人際需求的存在既是客觀的事實，則需求滿足的過程，個人所作的表達及他人可能的回應，或需求未獲滿足個人所產生的反應等，吾人皆可預期將會出現一連串人際溝通的機會。另一方面，人際溝通的成效為何，也必然會影響參與溝通當事人需求的滿足；人際需求與溝通的關係之密切，似不難想像。

　　在二十一世紀的現代世界，不同語言、文化、信仰等族群之往來互動將愈趨頻繁，人類社會的多元化似已成莫之能禦的趨勢。處於當今的社會，人們如欲滿足本身的各種需求，更應該懂得怎麼與人溝通。生活於目前的時代，溝通最重要的功能之一，就在幫助我們瞭解和參與這樣一個多元的世界。

第二節　人際回應與溝通

一、人際回應的性質

　　回應（feedback）在溝通過程中，對參與溝通者而言，具有調節其溝通方式與內容的功能。在與人溝通時獲得回應，當然也是參與溝通者所期待。人際回應可能有下列兩種情形：

㈠內在回應（internal feedback）：說話者評估自己的表現及我們想他人會有的反應。

㈡外在回應（external feedback）：我們對聽話者實際反應的知覺。

透過內在與外在回應的過程，我們會改變與修正自己的思想與行為，進而實質影響我們與人溝通的方式與內涵。

二、人際回應與溝通的關係

在人際互動與溝通時，吾人的表達如獲得對方的肯定（confirmation），則個人的價值感將因而提高；若持續獲得對方不肯定（disconfirmation）的回應，則個人有可能會質疑本身存在的實體性（identity）。Buber（1957）認為每一個人皆需要獲得肯定，以健康地成長，且只有人們能肯定他人，並被他人肯定時，才能得到發展。肯定的本質即是價值感。我們都想要在我們的人際關係與人生角色上覺得有價值。當他人肯定我們，我們會覺得受到珍惜與尊重；當別人不肯定我們，我們會覺得不受信任，且對我們自己較少滿意。事實上，經由人際回應所營造的氣氛，可以從肯定到不肯定形成一個連續性（continuum）。Sieburg（1972）曾提出下列五種肯定的反應方式：

㈠直接表示認知（direct acknowledgment）：對所說的表示認知並給予口頭直接的回應。

㈡表達正面的感受（positive feeling）：對你所說的說出他自己正面的感受。

㈢澄清性的回應（the clarifying response）：要求你進一步澄清你之所言。

㈣同意的回應（agreeing response）：會增強或肯定你已經說的。

㈤支持性的回應（the supportive response）：會提供舒服、瞭解、

或再保證的效果。

Wood（2002）認為我們可以將肯定他人的溝通方式分成以下三種層次：

(一)認知（recognition）：即表示察覺與承認他人的存在；所用的語言訊息如「喂」、「高興見到你」、「我知道你在家」等，非語言行為則如「微笑」、「握手」、「擁抱」等。

(二)告知（acknowledgment）：對他人的感受、想法、與所言表示知曉；所用的語言訊息如「你擔心考試過不了關，是嗎？」，非語言行為則如「點頭」、「眼光接觸以表示在傾聽」等。

(三)贊同（endorsement）：贊同包括接納他人的感受或想法；所用的語言訊息如「你擔心考試的結果是很自然的」。

在人際溝通時，若獲得上述肯定的回應，儘管其程度不一，不過至少皆具有正面的性質，這對接收回應的當事人以及對溝通關係而言，應不致產生負面的影響。

Sieburg（1972）曾指出不肯定的反應方式常見者有下列七種：

(一)輕微碰觸性的反應（the tangential response）：認知你之所言，但迅速轉移話題。

(二)不特指某人的反應（the impersonal response）：採智巧性的說法，並迴避對方。

(三)不為所動的反應（impervious response）：完全不理你，既沒有語言也沒有非語言的認知。

(四)不相干的反應（irrelevant response）：改變話題一如輕微碰觸性的反應，但並不企圖與你已說者有所聯繫。

(五)打斷性反應（interrupting response）：在你說完話前就加阻斷，且不讓你說完。

(六)語無倫次的反應（incoherent response）：即反應的話從頭到尾

皆是散漫、無組織、或不完全的。

(七)不一致的反應（incongruous response）：即給予你矛盾的語言與非語言的訊息。

另外，Wood（2002）也將不肯定他人的溝通方式分成以下三種層次：

(一)不認知：即表示不察覺與承認他人的存在；例如「當同事進到辦公室，你一言不發或不看他一眼」、「不回答別人的問題」、「沈默以對」等。

(二)不告知：對他人的感受、想法、與所言不表示知曉；例如對方擔心考試過不了關，你卻說「今晚想要出去逛街嗎？」

(三)不贊同：即不接納他人的感受或想法；例如對方擔心考試過不了關，你卻說「那是瘋了」或「當剛果人民正在捱餓，你怎能為考試而擔心」。

在人際溝通時，吾人若接收到前述之不肯定的訊息，多半會感到不受尊重，因為上述的回應之性質似或多或少充滿負面的色彩。不肯定的人際回應，對溝通關係的建立可能弊多利少。

第三節　人際關係的知覺與溝通

一、人際關係的性質

人際溝通既是人與人之間彼此創造與分享意義的過程，因此其本質就是一種人際互動的過程。同時藉著人際溝通與互動，人們將有機會建立與維持密切、長久的人際關係。溝通可謂在人際關係啟動、成

長、與衰微過程中極關鍵的影響因素（Littlejohn, 1999）。經由溝通固可建立與維持人際關係，而良好的人際關係也有助於提升人際溝通的效能。由此可見人際的關係與溝通，實存在著不可或分的關係，這可由下列人際關係的特徵看得出來（Trenholm & Jensen, 2000）：

㈠人際關係起於察覺：當人們察覺到別人察覺到他們時，人際關係就開始了；也就是說，當每一個人有被知覺到的知覺時——當兩個人都說「我看到你在看著我」，人們就產生關係了（Wilmot, 1995）。

㈡人際關係透過對等的互動而發展：人際關係的發展，正如兩個銅板才會響一樣，是來自於雙方的共同行動（joint actions）。

㈢當人際關係展開後，我們會開始分析與評價它們：隨著人際關係的發展，我們會想要知道這種關係的性質、何去何從、及成敗為何？

㈣人際關係受到外在勢力的影響：這些外在的影響因素包括：

　1. 文化常模（如婚前先有戀愛）與媒體示範（如電影、書報、歌曲、廣告等）。

　2. 家庭、親友、與同事的介入。

　3. 經濟與環境的條件。

㈤人際關係能控制我們，就像我們控制他們一樣：關係固然是由人所創造出來的，但當兩個人之間有了關係之後，關係本身就成了「第三者」（third party），它也有它自己的生命（Humphreys, 1951）。換句話說，人際關係是一種系統（system），在此一系統中至少包括了「你」、「我」、和「我們」。因而，關係本身會影響兩個人之間的互動與溝通，是可想而知的。

㈥人際關係經由溝通而創造與維持：人際關係如有它自己的生命，則其生命的維續，就靠著溝通。我們不難發現，人際關係

發展過程中的每一個時點，溝通都是必要的。例如，當兩個人溝通彼此的興趣時，關係就產生了；而當他們談到他們的願望與需求，並決定他們互動的型態時，關係就持續下去了。人際關係靠的是持續、高品質的溝通。事實上，人際關係並非我們一次創造過後就算了，它們是每次我們溝通的時候，我們都在做的再創造與改進的事情。

二、對自我與他人的知覺

　　成功的互動與溝通需要對自我與他人有正確的認知。事實上，經由與他人的溝通，我們也在形成對自我（self）的看法。要喜歡和瞭解他人，吾人應喜歡和瞭解自己（Rogers, 1951）。一旦你瞭解你的感受，並開始接受那些感受為你自我正當的一部分，你就逐漸成為一個充分功能的人（fully functioning person）。

　　Warr & Knapper（1968）將對人的知覺之過程分成下列三個相互關聯的成分，藉此有助於吾人對別人形成一個完整的印象：

(一)屬性的成分（the attributive component）：我們將某些特質歸屬於某一個人；我們可能係以那個人的穿著、舉止、言行、長相等來做判斷。

(二)預期的成分（the expectancy component）：對人的知覺所含涉的超乎只是單純摘要、類推、與歸類表面的特質；它也包括一連串由這些特質所衍生的預測或預期。

(三)情感的成分（the affective component）：在對一個人做判斷時，我們將其歸類，對其做預測，並且我們對彼等也會有情緒化反應。

有許多研究指出，我們會把我們的行為看成是對某一情境需求的

反應,而把別人所表現的同樣的行為,則視為由其本身的特質與需求
所產生的。為對自我與他人有較正確的覺察,以提升我們在人際溝通
上的效能,或許下列幾個概念的運用應有助益。

㈠周哈利窗

在人際關係中,自我與他人的知覺,有共知的部分,也有不為人
知,甚至連本身或他人皆一無所知的情況。這些現象似可用周哈利窗
(The Johari Window;係由 Joseph Luft 與 Harry Ingham 所創)加以顯
示。所謂周哈利窗(見圖 6-1)是由下列公開、盲目、隱藏、與未知
四個象限所構成。由此可以瞭解個人內在與人際事務的依存關係。藉
由周哈利窗之助,或許吾人更有機會認識人際關係中的人我知覺的可
能性與有限性。不過周哈利窗如欲發揮其功能,或許透過溝通調理
(metacommunication)與自我表露(self-disclosure)應可有相當的輔助
之功。

	自己知道	自己不知道
別人知道	公開	盲目
別人不知道	隱藏	未知

圖 6-1　周哈利窗
(修正自 Tubbs & Moss, 1978, p.129)

(二)溝通調理

　　所謂溝通調理指的是對溝通的溝通（communication about communication）。它所代表的乃是個人在溝通之前，對本身在溝通上的心路歷程之檢視和規劃。經由溝通調理也有助於對自我與他人的瞭解。任何針對一個人溝通方式所作的評論皆屬溝通調理的範疇。溝通調理運用的態度往往會決定此一溝通的成效。因為溝通調理正是溝通之前的準備功夫，凡事豫則立，不豫則廢。

(三)自我表露

　　成為充分功能最重要的作法是開放（openness）——不只是對新經驗與新想法開放，也對你自我中的新感受開放。此即涉及自我表露（self-disclosure）的問題。所謂自我表露（也可稱自我表白）乃是要讓真實性進入吾人之社會關係的一種努力。事實上，有些自我表露或許會引發別人的同理心，但某些自我表露也可能令人退避三舍或產生負面的印象。因而自我表露是有風險的；且當風險出現時，也可能對當事人造成傷害。職是之故，吾人如何避免交淺言深，說得過多或過早，自我表露適當性的拿捏的確很重要。自我表露的運用需要提升自我覺察的水準（如對自我動機、觀念、感受的強度等），同時它也需要溝通者雙方有高度的信賴。而適當的自我表露似包括下列的特徵（Luft, 1969, pp.132－133）：

　　1.它是持續之關係的一種功能。

　　2.它是相互對待的。

　　3.出現的時機是恰當的。

　　4.它與當時個人內在和人際間的狀況有關。

　　5.它以小幅度增加的方式進行。

此外，Trenholm & Jensen（2000）也指出吾人在運用自我表露時應遵循以下的原則：

1. 確定自我表露切合談話的主題與時間點。
2. 先由安全、無風險的自我表露開始。
3. 自我表露以少量為宜。
4. 配合對方自我表露的水準與數量。
5. 可要記得自我表露的形式跟其實質一樣重要。
6. 保留你最重要的自我表露用於重要、持續的關係。

三、促進溝通關係的途徑

吾人對自我與他人固應有較佳的覺察，以有助於人際溝通的進行。不過為提升人際溝通的效能，良好溝通關係的營造應是重要的前提。良好溝通關係的促進，下述的努力應有其價值。

㈠有效掌握自己的情緒

情緒是人類社會生活中一個十分重要、強而有力、無所不在的面向。情緒可說是人際互動的一個重要的結果；它影響對溝通訊息的解讀、個人對自我與他人的看法、以及個人對惹起情緒感受之溝通關係的瞭解（Metts & Bowers, 1994）。Goleman（1998）認為高情緒智商（Emotional Intelligence Quotients, EQs）者比低情緒智商者更有可能創造滿意的人際關係、對自己感到自在、並在需要具備瞭解別人，且對他人和情境反應敏銳的能力之事業上成功。事實上，情緒智能（emotional intelligence）似包括下列許多傳統智力測驗沒有評量到的特性（Wood, 2002）：

1. 瞭解你的感受。

2. 管理你的情緒而不被它們所征服（如不讓憤怒耗損你）。

3. 不讓挫折與失望令你脫軌。

4. 疏導你的感受以助你達成目標。

5. 具有強烈的同理心：不必他們說出來，就能瞭解他人的感受。

6. 傾聽你自己與他人的感受，就此你從它們可以得到學習的機會。

7. 具強烈又務實的樂觀性。

瞭解並有效掌握自己的情緒，對人際溝通也十分重要。如果我們無法以健康的方式處理自己的情緒，有效的溝通就無法產生。情緒健康者處理其感受時通常有下列的作法（Powell, 1969）：

1. 試著去發現你感受到的是甚麼。

2. 承認你感受到的。

3. 尋找你的情緒之來源。

4. 和他人分享你的情緒。

Wood（2002）指出吾人若欲有效地表達情緒，可以掌握下列的原則：

1. 指出你的情緒為何。

2. 選擇如何表達情緒的方式。

3. 以「我」為立場表達你自己的感受。

4. 注意你自己的「自我談話」（self-talk；屬個人內在的自我溝通）。

5. 當他人表達情緒時能敏銳地加以反應。

此外，在處理我們的情緒時，下列某些不健康的作法似值得注意（Powell, 1969）：

1. 忽略或否認你的情緒。

2. 攻擊他人而非所討論的主題。

*3.*不對不愉快的情緒情境加以省思。

㈡運用同理性傾聽

在人際溝通中運用傾聽可以獲致許多資訊，應有助於對他人的瞭解。傾聽一般有下列的六種類型：

*1.*欣賞性傾聽（appreciative listening）。

*2.*分辨性傾聽（discriminative listening）。

*3.*理解性傾聽（comprehensive listening）。

*4.*評價性傾聽（evaluative listening）。

*5.*批判性傾聽（critical listening）。

*6.*同理性傾聽（empathic listening）。

在人際溝通中，我們特別需要培養同理性傾聽的能力。同理性傾聽可以說是以第三隻耳朵來聆聽；它是一種設身處地不妄加評價的傾聽。一般而言，同理性傾聽需要運用到下列幾種技巧：

*1.*對所有溝通訊息要具有敏感性。

*2.*具有延緩判斷的能力。

*3.*尊重他人的觀點。

*4.*在反應之前確定已瞭解對方所表達的。

*5.*運用重述的方式以檢核你的瞭解是否正確。

*6.*當在重述時，確定表達出你瞭解對方說話的內容及隱含的感受。

經由同理性傾聽不只可對他人獲致正確的知覺，也可以減少防衛，提供支持性氣氛，以增加信賴，使自我表白成為可能，而有助於人際間的溝通。

㈢培養支持性的溝通氣氛

Gibb（1961）研究發現，當我們對某些人有戒心時，我們不可能

與彼等坦誠溝通；他稱此為防衛性氣氛（defensive climate）。而對有些人，我們感到自在並受到支持，我們可能會放心地與他們溝通；Gibb稱之為支持性氣氛（supportive climate）。Gibb（1961, p.147）曾將支持性與防衛性的溝通氣氛做了對比（見表6−1）。支持性氣氛不只對溝通關係十分重要，它對溝通的結果也有相當大的影響作用。換言之，人們的關係越好，就越有可能獲致良好的溝通結果。事實上，溝通關係就是人際關係。Wood（2002）認為滿意的人際關係似包括下列四個要素：

1. 投資：良好人際關係的建立與維續，往往是需要花時間、精神、力氣，甚至財物去用心經營的。
2. 承諾：即決定要持續維持關係，不管任何艱難困苦，皆要克服萬難，常相左右。
3. 信賴：即人與人之間具有高度的信任感。
4. 對關係上的辯爭（relational dialectics）也感自在：在人際關係中，難免彼此存在著諸如聯繫——自主、新奇——熟悉、開放——封閉等之類的辯爭，仍能表現諒解自在。

表6−1 支持性與防衛性氣氛之比較

支持性氣氛	防衛性氣氛
1. 描述	1. 評價
2. 問題取向	2. 控制
3. 自然	3. 策略
4. 同理心	4. 中立
5. 平等	5. 優越
6. 暫時性	6. 確實性

人際溝通

此外，為創造與維持健康的溝通氣氛，Wood（2002）更提出以下的建議：

1. 主動運用溝通以培養支持性的溝通氣氛。
2. 對他人表示接納與肯定。
3. 肯定與接納你自己。
4. 做適當的自我表露。
5. 尊重在人際關係中的差異性。
6. 建設性地回應他人的批評。

㈣培養自信

自信可以減低溝通的焦慮。為培養人際溝通的自信，下列的建議可供參考：

1. 選擇對你及聽者感興趣的話題。
2. 確實做好準備。
3. 在一段長時間中經常練習你要講演的內容。
4. 知道你演講中所要進行的方向，但不必暗記。
5. 試著表現自信，但非自我意識（self-conscious）。專注於你的聽眾，而非你自己。正像你正同你的聽眾說話一樣，而非對他們說話。
6. 試著變化你的姿勢與說話的聲調。

㈤建立信賴

信賴（trust）乃是吾人對他人之言語、承諾、或書面陳述可以信靠程度的預期。當人際互動發生缺乏互信的情況時，很容易出現對他人知覺扭曲的現象（Mellinger, 1956）。這樣的情形當然對溝通關係會造成傷害。當信賴感增加時，溝通的效能與正確性也會跟著提升。一

個具有信任感的人（a trusting person）會表現下列的特質：

1. 高度的自我概念：喜歡自己、肯定自我。

2. 低焦慮感。

3. 低權威性。

4. 追求成功的動機。

5. 認為他人值得信任。

6. 明白在信任他人時，自己正冒著某種價值觀的風險。

7. 明白自己正想達成之目標的價值。

在人際關係中若出現不信任的情形，則其影響可能有下列幾方面：

1. 對方會變得緊張。

2. 對方會變得強硬。

3. 對方的言辭會變得情緒化且常具有侮辱性。

4. 影響團體目標的達成。

5. 引發雙方的防衛行為並抵消已有的溝通成果。

6. 造成知覺的扭曲。

第7章

語言溝通

第一節　語言的性質

一、語言符號的特性

人類社會生活中存在許多人為的信號或徵兆（sign）。這些信號或徵兆通常會引起人們自然的反應，如紅燈、STOP sign 等。人與動物皆會使用信號或徵兆，但只有人能創造出符號（symbol）。不管是信號、徵兆、或符號多具有溝通訊息的功能。我們可以說所有的語言（language）都是符號，但不是所有的符號都是語言。例如，藝術、音樂、以及許多非語言行為皆可是感覺、思想、與經驗的表徵。Wood（2002）認為語言的符號具有以下三種特性：

　㈠符號是獨斷的：即某一符號並非本質上與其所代表的事物有所聯繫；換言之，只要某一社會的成員對某一符號的意義有共識即可。由於語言是獨斷的，因此語詞（words）的意義也可隨時間而改變。此外，當我們創造了新的語詞時，有的語言也會被改變。

　㈡符號是含糊的：它們的意義並不是明確或固定的。也許是相同的語詞，但由於人們的獨特經驗，它們所代表的意義可能就不一樣。雖然語詞所顯示的意義，對每一個人並非恰好是相同的，不過在某一文化中，許多符號是有大家皆同意的意義範圍。吾人在學習語言時，所學的不只是語詞，也學到我們的社會之意義和價值。例如，「狗」這個符號，在某些社會代表的是「四腳動物」、「朋友」、「家庭成員」、「可用作警衛」等，但

有的社會除認為「狗」為「四腳動物」外，更視其為「補品」。
因此，符號的含糊性可以說是人際溝通產生誤會的來源之一。

㈢符號是抽象的：此乃指符號不是具體或確實的。它們代表觀念、
人、事、物、感受等，但它們就不是它們所代表的事物本身。
我們所使用的符號是有不同的抽象程度。當符號越抽象時，產
生混淆的可能性即會滋長。因此，吾人如欲減少溝通的誤會，
則所使用的語言應該具體明確，而避免運用過度概括性的言詞。

此外，Trenholm & Jensen（2000）則舉出語言符號具有以下的特
徵：

㈠語言符號含有抽象、能分開的元素：如形、音、義這些元素皆
是抽象而可分離的。此一特性讓語言符號的運用具有無窮的彈
性。

㈡語言讓我們得以創造新的實在（realities）：如我們可談不在眼
前或不存在的事物。

㈢語言提供我們以新穎且更複雜的方式去思考的能力：由於語言
符號的抽象、含糊、及獨斷性，當其作為思考的媒介時，確有
助於思維的周詳與創新。

㈣語言符號是具有自我反射性的（self-reflexive）：它讓我們可以
思考語言本身，並對其作必要的修飾。

二、語言符號的功能

語言符號固然是人類分享與交換訊息的重要媒介，事實上，它具
有多方面的功能。Wood（2002）即指出語言的符號具有下列的功能：

㈠符號具有界定的功能：我們會用符號去界定經驗、人物、關係、
感受、與思想等。而我們加諸的定義，事實上就是一種語言「標

記」，它就顯示出對我們所代表的意義。這樣的標記固在反映我們主觀的知覺，它同時也在形成與固定我們的知覺。不過，標記要是運用不當，則可能有以偏概全或影響人際關係之虞。

㈡符號具有評價的功能：符號並非中性或客觀的描述。它們是充滿價值觀的。這本是符號本身的特性之一。事實上，吾人不可能找到完全中性或客觀的語詞。因此，語言中所含的價值觀會反映與影響我們及他人的知覺，並進而對人產生貶損或頌揚的效果。

㈢符號具有組織知覺的功能：我們用符號去組織我們的知覺。我們如何組織經驗，會影響它們對我們所代表的意義。例如，我們將某人列入「朋友」這一範圍，則「朋友」這一符號會影響我們對「朋友」行為的解讀；如「朋友」一句冒犯的話，可能被看做在開玩笑，但如果是「仇人」所言，則變成是在挑釁了。語詞沒變，但它們的意義，視我們如何組織它們而在變化。事實上，藉符號對知覺的組織，運用符號我們也可從事抽象思考，或對人、事、物形成刻板印象。

㈣符號具有提供假設性思維的功能：藉著符號吾人得以思考不是你目前、具體的情境所有的經驗與觀念。就因為我們能從事假設性地思維，我們才能規劃、夢想、回憶、設定目標、考慮另類的行動方向、想像各種可能性等。同時，藉著符號所提供的假設性思維，我們似乎也可「生活」在過去、現在、與未來。經由反省過去，策勵現在，並期待未來，應有助於個人的成長與精進。

㈤符號具有提供自我反省的功能：正如我們運用符號去反映外在的世界，我們也同樣可用符號去反映我們自己。人類不只是存在並有所作為，我們也可思考我們的存在並反省我們的作為。

Mead（1934）認為觀照自我的能力正是形成文明社會的基礎。就因為自我反省能讓我們不斷檢視自己，我們與人溝通的方式與內涵也可相機調整，以發揮溝通的效能。同時，藉由自我反省，我們也有機會做好自我管理，這當然也有助於讓自己成為有效的溝通者。

另外，Trenholm & Jensen（2000）則認為語言具有下列的功能：

㈠語言常用作克服寂靜與未知的事物：例如，我們若在寂靜或黑暗處獨處時，則說出話來可克服可能的恐懼；沒有名稱或未知的事物多具神秘與威脅性，吾人若給予語言的標記，則可提高其可操控性，而減少不安全感。

㈡語言讓我們得以表達與控制情緒：我們若能把心中的話說出來，多能紓解或抑制內在緊繃的情緒。

㈢語言能顯示或隱瞞我們的思想與動機：我們內在的思想與動機除非我們向外顯露，否則他人無從知曉。作為傳達工具的語言，吾人欲明示或隱瞞，其運用之妙，誠存於我心。

㈣語言讓我們得以接觸或避免接觸：透過語言固然可以把人們聯繫在一起，但透過語言也可以表達從此不再往來之意。因此，語言可以是一座橋樑，也可以成為一堵牆。

㈤語言讓我們能彰顯個人與社會的身分（identity）：每一個人皆是獨特的。透過語言的表達，他人將有機會認識「我是誰」及「社會團體的歸屬」。

㈥語言可用以提供或尋找資訊：語言是人類分享與交換資訊的重要媒介。透過語言，我們藉陳述、主張、描寫、解釋、預測等方式以提供或掌握資訊。

㈦語言讓我們能控制及被世界所控制：我們可用語言來影響、規範、說服、或掌控他人。同樣的，別人也可能用語言來影響、

規範、說服、或掌控我們。在很多方面，我們似乎成了語言的
俘虜。

㈧語言能用以省視溝通的過程：語言讓我們能從事溝通調理（meta-
communicate）的工作，以對溝通的過程進行溝通。

三、語言的結構

人類的各種語言所代表的不只是有其各自的符號系統，也還有其
獨特的規則。吾人在探討語言的結構，若以英語文為例加以分析，則
我們似可發現以下的重要成分：

㈠單音（phone）：每一個聲音（sound），如 t, p, m 等，皆屬一
種單音。

㈡音素（phoneme）：涉及聲音的分類與區分，如 pill 中的/p/不
同於 bill 中的/b/。

㈢詞素（morpheme）：指帶有特定的意義之最小的語言學上的單
位，如 a cat 中 a 和 cat 皆屬自由詞素（free morpheme；可獨立存
在仍具意義）；speaking 是由 speak 這個自由詞素和 ing 這個限
制詞素（bound morpheme；須與其他詞素連結）所組成。

㈣文法：包括下列兩部分：

　1.言語型態學（morphology）：探討單音、音素、詞素、單字、
　　片語、句子等之關係。

　2.句法（syntax）：探討由單字組成可理解的片語、子句、句子
　　所涉及之規則。

四、語言的再現性

 **人際溝通**

語言的再現性（redundancy）是指為同樣的概念而運用許多的語詞（words）。它出自於其結構與發聲的限制。再現性在所有的語言皆會存在，它可確保減少錯誤的發生。語言的再現性在說話及文學的修飾上經常可見到，有時更可強化說話的語氣和文字的力道。在英語裡頭，再現性來自於音素出現頻率的變化與在音素順序的限制，來自於詞素出現頻率的變化與在詞素順序的限制，也來自於語義和文法的限制。此外，再現性亦來自於規範語言使用者的社會常模（例如，僅有有限的「社會能接受的」方式，可以完成以下的句子：I want to take you into the ＿＿＿ and ＿＿＿ you）。

正如 Gleason（1961）所指出的，「再現性在語言中不是一種缺點，而是一種重要的特色，沒有它語言將無法發揮功能。」（p.384）由於語言的再現性之存在，讓我們即使在出現物理或心理性雜鬧的情況下，仍可處理語言訊息。沒有某些這樣的再現性，要讓人們可以互相溝通，那會是困難的，假如不是不可能。就是他們說同樣的語言，非再現性的語言也必得以 100%的正確性被傳送與接收，方足以確保溝通的順利進行。因此很難說是幸或不幸，人類並不被生成可以接收與處理在彼此溝通的訊息中之每一聲音或語詞的元素（Webb, 1975）。

第二節　語言與意義

一、意義與人

語詞（word）只是用以代表事物的符號。語詞所指對象（referent）則是符號所代表的事物。語詞並不顯示意義，但人可賦予意義。語詞

只有吾人將其與所指對象聯繫後才會有意義。是人類將意義賦予語詞。在字典中並無法發現意義；字典並不提供意義或甚至定義；它只或多或少提供同義的字詞。由於意義是私人的事情，且源自每一個人的個人經驗，因此沒有兩個人可能會賦予事、物、和情境相同的意義。分享或共同的經驗給予某些語詞提供意義一致性的基礎，而這些共通性讓人們可以從事有意義的溝通。當兩人碰在一起時，他們之間溝通的層次，往往視他們彼此讓對方獲知自己的情況如觀念、思想、知覺、人格之程度而定。

二、意義的性質

意義（meaning）可謂來自於人與語詞間的特殊關係。Alexander（1969）認為吾人應視意義為一種過程（process）而非靜態的「事物」（thing）。他將此過程區分為下列三階段：

㈠創造（creation）：來自於個人經驗，具有內在、高度個人與獨特性。

㈡表達（expression）：以訊息的形式說出與傳達我們所擁有的意義。

㈢溝通（communication）：成功的溝通包括發訊者清楚的表達與收訊者有效的解讀。

三、意義的種類

吾人若就「意義」的性質而言，似可分成下列幾種：

㈠內容語詞（content words）：一些名詞、形容詞、副詞、動詞皆在顯示實質的內涵。

㈡結構語詞（structure words）：如 the, of, to, a, and, for, is, not, that, in, can 等皆在將句中的字做適當的聯繫與結合。

㈢指稱意義（denotative meaning）：是某一個語詞所指稱的事、物、概念、或過程等，它屬公開的意義（public meaning）。換句話說，指稱意義指的是某一語言社區大多數成員所認同之某一言辭所有的原本意義上的聯繫。字典上的意義（dictionary meaning）即屬指稱意義。

㈣隱含意義（connotative meaning）：此乃對言語在感受上的反應，其意義並不在言語本身，而是來自於個人且具有高度私有性。它屬私有的意義（private meaning）。換句話說，隱含意義指的是某一社區一個或多個成員所認同之某一言辭所有的其他，次級意義上的聯繫。由於言辭可能引發強有力的情緒反應，它們常被認為對人們具有消極或積極的涵義。

四、個人與共同的意義

我們可以不經別人的同意賦予某些言辭意義，此即為個人的意義（private meaning），由此便創造出個人的語言。共同的意義（shared meaning）需要在發訊與收訊者所知覺的訊息之間有某種的一致性。人際溝通的存續即需要雙方具有共同的意義。不過人際溝通中若出現過多屬於個人的意義之言辭，則難免會產生溝通的障礙。

五、意義的測量

意義的測量常運用的方式，計有以下的類型：

㈠延伸的一致性指標（extensional agreement index）：即測量人們

對某些項目歸屬某一言語類別表示同意的程度。此項指標在顯示指稱意義（denotative meaning）的一致程度。

㈡語意區分（semantic differential）：一個人對某一言語深度的（隱含；connotative）意義之反應，可用語意區分加以測量，以顯示其對此一言語的情緒反應是正面或負面的。

六、影響意義的因素

吾人對語言意義的解讀，其影響因素概有下列幾方面：

㈠語言的脈絡（linguistic context）：個別的字詞只有在完整的文句中方能顯示真正的意義。因此在人際溝通的場合，吾人似應審視對方言語的全貌再作回應，方不致有以偏概全之憾。

㈡非語言的特徵（nonverbal features）：語調、手勢、表情等皆是解讀言語的線索。人們的言語或許容易造作，但來自於語調、手勢、表情等非語言的線索，可能表達的才是對方的真性情，也說不定才是其真正的意義所在。

㈢來源：對說話者的背景、態度等的評估與認定會影響吾人對其言語的解讀。換句話說，說話者給予人可信賴的感受如何，也連帶會影響我們對其言語的看法。

㈣社會脈絡（social context）：語言的陳述是在人際的情境中發生，其意義也須在那些脈絡中加以解讀。也就是說，同樣一句話其說出的場合不同，其涵義也可能會有差異。

第三節　語言和思想

一、語言和思想的關係

語言與思想常被認為是相互關聯的。思想甚至被認為是內在的語言，而語言則是外顯的思想。語言在推理、瞭解、思考與記憶方面扮演著積極的角色。語言與思想的關係常被提到的問題如下：

㈠語言是思想的先決條件嗎？

㈡思想真的是內在的語言嗎？

㈢語言在塑造我們的觀念或單純只是思想的工具？

不同的語言社群對世界有不同的知覺；而這種知覺係由語言所傳達與確認的（Tubbs & Moss, 1978）。簡言之，我們說的語言決定我們對世界的經驗。因此，語言的不同便反映知覺的差異。

人類的語言有時而窮，語言或許無法完全決定思想，但它似乎有下列兩項重要的功能：

㈠語言可以幫助記憶。

㈡語言有助於吾人將經驗轉化成概念。

二、語言和思想對溝通的影響

語言使用的不精確會干擾吾人的思考過程；而心緒思考的凌亂，也會造成語言表達的困難。可見思想的狀態及語言的運用，皆對人際溝通會有影響。以下針對和語言及思想相關，且直接影響溝通的四個議題，分別再作討論。

㈠推論

推論與事實並不相同。事實是有觀察做依據，須是可證實的，如果可能的話，且須排除假設與個人意見。推論是根據事實所做的猜想或推測。推論正確固有助於溝通關係的瞭解與掌握；推論錯誤或不當，則可能誤會一場，傷害溝通關係。在做推論時，為求慎重，似應將可能的風險先行估算。此外，判斷可能是根據事實或推論，它涉及個人所做的評價，在人際互動與溝通中，亦須謹慎從事。

㈡二分法

英文中可以說充斥著二分法的字眼，如 success-failure, winner-loser 等。中文當然也有同樣的情況，如「好」——「壞」、「美」——「醜」、「興」——「衰」等。當極性的語詞（polar terms）被誤導著使用時，將會出現錯誤的二分法。此時差異性被過分強調，相似性卻被忽視；在此一過程中，許多資訊即因而丟失。為避免做錯誤的二分法，Haney（1973）認為可以採用「有多少？」（How much?）與「到何種程度？」（To what extent?）這樣的問句，以防止自己有過分極化的想法，而減少出現過激的言辭。

㈢言辭的力量

言辭選用的差異將產生不同的效果，這也顯示「謹言」與慎行同樣重要。言辭不僅反映，也影響人們的思考；它也會影響人們的感受與行為。因此廣告用語、選舉宣傳、商品命名等皆可看出言辭所顯示的力量。由此可見吾人在從事溝通時，「遣詞用句」、「字字斟酌」的必要。對於訊息接收者而言，如能區別符號和所指對象之差異，方可有清楚的思考。事實上，在運用語言時，溝通者有許多的選擇。隨

著對他人反應敏感性的增加，我們可以瞭解到某些語言的選擇會有助於溝通，但有的選擇對溝通卻會造成障礙。

㈣單一的意義

通常語意的衝突常出自這樣的假設：某一字、詞、或甚至文句只有單一的意義。這種對言詞意義的混淆常出於下列兩種情形：

　　1.使用相同的言辭，但卻有不同的解讀。

　　2.使用不同的言辭，但卻有相同的解讀。

因而吾人在與人溝通時，的確需要弄清楚對方說話的語意，以避免出現誤會；同時更應留意人類的言辭除原本的「指稱意義」外，尚有出現「隱含意義」的可能。

第四節　語言訊息的傳達

一、語言訊息的性質

所謂語言訊息，即是用言辭加以表示傳達的資訊。吾人使用語言訊息與人溝通時，所傳達的訊息不只是個人思想、意念、與情感之表達，更是對自我與他人的知覺之反應。人類語言訊息的性質，似受到個人經驗與社會文化因素的影響。

Piaget（1955）認為七或八歲以下的兒童似存在下列兩種言語：自我中心的說話（egocentric speech）與社會化的說話（socialized speech）。兒童從事自我中心的說話時，當他在說話時並不會想到別人。而從事社會化的說話時，則要針對訊息接收者將資訊作必要的調整，並且有

時也會採用訊息接收者的觀點。

　　Bernstein（1970）曾提出有限語碼（restricted code）和精緻語碼（elaborated code）兩種觀點。有限語碼是由社區本位的文化所創造，它強調的是社區而非個人（即「我們」而非「我」）；它大部分關注的是共同或與情境有關的意義，而非抽象的概念。因此其表達的訊息通常是簡短的，語法簡易而固定，且詞彙也顯得含糊不清。有限語碼經由減低個人經驗的語言精緻化而創造了社會的凝聚力；這是勞工階層者所使用的語碼。精緻語碼是以人為導向的，它強調個人而非團體的經驗（「我」而非「我們」），因此發訊者會將意義加以闡釋，以使訊息接收者更能理解。這種語碼要求更明確的詞彙，而適合做精微的區分；它也要求分析與抽象，而非具體的說話型態，常被中上階層者所使用。比較特別的是，中上階層者並不像勞工階層者多只使用有限語碼，他們似具有能使用兩種語碼的優勢。Bernstein 認為訊息傳達是社會學習的一種形式，也是社會化過程本身的一部分。

二、語言溝通原理

　　從語言的符號所具有的獨斷、含混、與抽象的特性，Wood（2002）認為語言溝通（verbal communication）似遵循下列四個原則：

㈠語言和文化是相互反映的

　　語言和文化生活是相互錯綜關聯的。其各自皆持續地在反映著對方的狀況。溝通與文化是無法分離的，因為彼此皆在相互影響。語言所反映的乃是文化的價值與視野。在大多數社會成員所不認同的作為上，其所屬的文化也可能拒絕給予符號的標幟（symbolic reality）；例如，對於同性伴侶的結合，有些文化即不願以「結婚」稱之。在英文

裡頭，稱呼伯、叔、舅，就只用「uncle」一字，但在華語世界則如前所述各異其字，其他親屬之稱謂亦然；此乃顯示華人文化比起西方文化更重視家庭關係，而這種文化特性也反映到他們對語言的運用上面。

文化對語言的影響，特別可從不同文化中的禁忌話題看得出來。例如，「死亡」是華人社會不太自在去談的事，尤其在農曆新年的時候。美國人在禮貌性的談話中，會避免談論政治、宗教、及種族議題；他們不喜歡回答有關個人所得、年齡或健康之類的問題；相反地，他們偏好天氣、運動或共同興趣的閒談。在巴西，雖然很多事情都可公開談論，包括各式各樣的私人問題；不過談論「足球」的議題則可要小心，因為「足球」是一個能讓朋友變成敵人的話題。而在澳洲，人們可以自在地談論所有事情，包括政治與宗教在內；但澳洲人避談個人或事業成就的話題，因為吹噓自己的成就只會使你成為其他人取笑的對象。（Ridgeway, 2003）

在另一方面，我們所學到的語言，也影響我們對外在世界的看法。例如，「低能」、「智障」、「白癡」、「弱智」這些詞彙所描述的皆是同樣的現象，但其各自予人之觀感卻大不相同。此外，像「組織犯罪」、「家庭暴力」、「性騷擾」等名詞的出現，也影響我們對相關文化現象的理解。因而，語言與文化是密切相關的。當我們學習語言，我們也在學習文化中的信仰、價值、與觀點；而當我們在使用語言時，我們也常在反映與強化其所引發之文化的價值觀。我們甚至可能運用語言去挑戰與改變文化中被視為理所當然的觀念與價值觀。

㈡語言的意義是主觀的

由於語言的符號具有抽象、含混、與獨斷性，因而人類言語的意義並非是本身自明或絕對的。我們是在與他人互動的過程，及透過在

我們腦中所進行的對話，而在建構意義。因為我們是靠言語去思考事物的意義為何，所以意義建構的過程，其本身是符號性的。在另一方面，我們也主動、創造性地去解讀他人言語的意義。因為語言符號需要加以解讀，溝通正是主觀創造意義的持續過程。

(三)語言運用是有規則指引的

　　人類的語言溝通是有心照不宣的規則在規範著的。溝通的規則（communication rules）是對溝通的意義為何及在各種情境何種行為是適當之共同理解。規範溝通的規則有以下兩種：

　　1. 指引性規則（regulative rules）：藉指出何時、如何、何處、及與誰談某些事情，以規範人際間的互動。指引性規則也界定何時、何處、及與誰是適合去表達感情與透露個人的資訊。例如，如何和父母說話、如何回應老闆的批評、如何和人打招呼等。

　　2. 構成性規則（constitutive rules）：它們藉指出如何解讀特定的溝通類型，而界定溝通的意義為何。例如，如何溝通以表示尊敬、愛慕、支持等。

　　我們皆從重要他人（如父母、師長、朋友、關係密切者等）學到指引性與構成性規則。而指引性與構成性規則皆受到文化的影響。

(四)語言的始末在建構意義

　　語言的始末（punctuation of language）指的是人際溝通互動過程的開頭與結尾。人際溝通時，起頭說話及接續說話的情形即在建構溝通的意義。吾人如欲決定溝通的意義為何，則須確認溝通互動間的界線。通常這涉及誰「起頭互動」的問題。當我們不同意某種「起頭互動」，則問題可能就發生。要是你聽過孩子在爭論誰先打人，就會暸解語言的始末之重要性。常見的「衝突的始末」（conflicting punctua-

tion）之例子係屬「要求——撤退」（demand-withdraw）的溝通型態（Bergner & Bergner, 1990）。在此種溝通型態，一個人想要以個人性的談話來建立密切的關係，可是另一個人則努力避免親密的談論，以維持本身的自主性。例如，頭一個人越迫切於個人性的談話（如「告訴我你生活過得怎樣」、「讓我們談談咱們的未來」），則第二個人退縮得更厲害（如「無可奉告」、「我不想談未來」、或沈默以對）。在人際溝通中，因對方行為的引發，每一個人皆在「起頭互動」。因此，要求者在想「因你退避，我才追求」，而撤退者則在想「因你追求，我才退避」。

事實上，並不存在所謂客觀、正確之語言的始末，因其全視人們主觀的知覺而定。當人們不同意起頭的溝通時，他們對發生於他們之間的事情，並未具有相同的意義知覺。吾人如欲打破像「要求——撤退」這種不具建設性的循環溝通型態，則當事人或可嘗試以不同的方式「起頭互動」，並彼此分享對不同溝通型態的感受。

三、促進語言溝通效能的原則

在人際交流與互動中，吾人如欲促進語言溝通的效能，似可遵循下列原則，以從事長期而有系統的努力：

(一)提升本身語文的造詣：本身的語文程度越高，不只越能掌握他人的語言內涵，也更能精確地做自我表達與溝通，而達成預期的溝通目的。

(二)邏輯思考之訓練：培養本身具有邏輯思考的能力，並避免過激或不當的推論，是發揮語言表達效能的必要條件。

(三)瞭解訊息接收者的背景：如我們的意見或情感要被瞭解，則在傳達語言訊息時，我們對訊息接收者須有某種程度的覺察，方

第七章 語言溝通

能採用對方可以理解的語言與之溝通。

㈣語言表達能力的提升需多作練習:熟能生巧,語言能力尤其不例外。因此有機會參加諸如「國際英語演講會」(Toastmasters International)這樣的社團,都是提升語言表達能力的有效途徑。

㈤語言訊息抽象化(abstracting)的程度需適當:抽象化是割捨訊息細節的過程。割捨的特質越多,抽象化的程度越高。有效的寫作與演講需要在較高與較低的抽象語言間經常做轉換,才能有助於訊息的接收者對語言有確切的瞭解。

㈥運用適當的視聽輔助器材:運用視聽輔助器材的目的,乃在藉由提供更多訊息,使語言的表達可以更清楚易懂,而有助於人際的互動與溝通。

㈦採取雙方觀點:即認識到他人所持觀點,並在與其溝通時能加以顧慮。有效的人際溝通,並非是單方面的表現,而是一種人際關係。在與人溝通時,我們固然希望自己的看法能受到尊重,同樣的對方的觀點也希望被聽進去。而同理心與支持性傾聽應有助於確實瞭解對方的觀點。

㈧保有自己的感受與思想:讓自己,而非別人,掌控本身的感受與思想。我們的感受與思想出自我們怎樣解讀他人溝通的訊息。即使別人的行為會影響我們,但他們無法真正地決定我們怎樣感受與思維;也就是說,他們沒辦法直接導致我們的反應。真正要為我們的感受與思想負責的是我們自己,而不是別人。有效的溝通者要能藉使用保有其感受與思想的語言,而為自己承擔責任。他們可以表達自己的感受,但不因發生在他們身上的事情而責怪別人。

㈨尊重他人對其感受與思想的表達:有效的溝通者不會貶抑別人所說的感受與想法。即使你沒有同樣的感受與想法,你仍然可

以尊重他的觀點。我們不應該假定我們瞭解別人的感受與想法。如果我們不瞭解對方所說的,就請他們闡述清楚吧!

(十)努力達成正確與清楚的溝通:因為語言符號所具的獨斷、抽象、與含混性,所以產生誤解的可能性總是會發生的。此外,個人與文化背景的差異,也往往對言語有不同的解讀。儘管我們無法完全排除誤會,但我們可以讓它們減至最少的程度。為實現正確與清楚的溝通,我們或可從事以下的努力:

1. 選用適當抽象程度的言語:言語的抽象程度須切合溝通的目標、對象、與場合。

2. 言語類推必須得體:強調「得體性」在提醒我們語言運用的有限性。在以人為描述與評價對象時,尤應審慎為之。

3. 具體明確的評價:在作評價時應指明只適用特定的時間與情境。例如,與其說「志明不負責任」,不如說「志明在昨天開班會說話不負責任」。

第8章

非語言溝通

第一節　非語言溝通的意義

一、非語言溝通的概念

　　許多人一聽到非語言溝通（nonverbal communication），馬上會直覺地認為指的是「肢體語言」（body language），如用以傳達訊息的手勢、表情、肢體動作、衣著、眼神等。事實上，人類表現了非語言行為（nonverbal behavior），是否就算在作非語言溝通，可謂各有不同的見解。有人採取訊息接收者的觀點（receiver orientation），只要訊息接收者認為某一行為具有訊息的意涵，就屬非語言溝通。也有人採取行為來源的觀點（source orientation），認為僅有有意的行為才算是在作溝通。此外，Burgoon（1994）更從訊息的觀點（message orientation），將非語言溝通界定如下：

　　　　非語言溝通為言語本身以外形成社會共有之符號系統的那些行為；那就是，它們一般係有意被傳達，被解讀成故意的，在某一言語社區的成員間經常被使用，且具有共識性地被認可的解讀。（p.231）

　　上述 Burgoon 對非語言溝通的定義，除了融合訊息接收者與來源的觀點外，更強調所傳達的行為本身，在某一言語社區中要能合理地發揮訊息的功能，方可稱作非語言溝通。Trenholm & Jensen（2000）也採較嚴謹的觀點，認為非語言行為須符合下述三個要件，方可稱為非

語言溝通：

㈠非語言行為須被發送或接收者有意識地知覺到。

㈡非語言行為須被發送者打算用作訊息。

㈢非語言行為須被接收者解讀為有意的。

　為釐清非語言和語言溝通的異同，Wood（2002）特別做了比較。其中非語言溝通和語言溝通相似處有以下四方面：

㈠非語言溝通是符號性的：如「微笑」是「愉快」的表徵；「張大眼睛」在顯示「驚訝」。

㈡非語言溝通是受規則指引的：在特定的社會中，某種非語言行為的恰當性及其所代表的意義，皆有共同普遍的瞭解。如「握手」似乎是一般開會開始與結束時的慣例。

㈢非語言溝通可能是有意或無意的：如在求職面談時穿著的刻意講究，但當被問到不易應付的問題時，你又可能會有不經意畏縮的情形。

㈣非語言溝通係和文化相關聯的：非語言行為同樣受到文化觀念、價值、習俗、及歷史的影響。西方人用刀、叉進食，東方人用筷子吃飯，皆出自文化的差異；在美國好朋友或情侶品嘗彼此餐盤上的食物極為普通，但德國人卻認為十分無禮。

Wood 也指出非語言溝通和語言溝通相異處有下列三種情形：

㈠非語言溝通被認為更可信：大部分的人會認為非語言溝通更可信，特別是在語言和非語言訊息不一致時；如某人「怒目相向」地說「高興見到你」，你相信的可能是非語言的訊息（怒目相向），因人們可能會認為非語言訊息才正確地反映真實的感受。

㈡非語言溝通是多管道的：非語言溝通常同時以多種管道出現，而語言溝通多半係單一管道。如在非語言溝通時，你「微笑」

跟朋友「握手」，並與其「說悄悄話」；但語言溝通不是「文字」，即是「話語」，多半只是單一管道（不是看，就是聽）。

㈢非語言溝通是持續的：非語言溝通比語言溝通更具持續性。我們「說」或「寫」東西，總是有開始，也有結束；不過要讓非語言溝通停下來，倒是很困難。因為我們的一舉一動，皆會影響別人對我們的看法，何況環境中的非語言因素，如採光、溫度等，對雙方的互動與意義也持續地在發生影響。

在瞭解了非語言溝通的定義，及其和語言溝通的異同後，我們似乎可以簡單地說，人際溝通除了語言的互動形式之外，其他具有溝通意涵的方式，應該皆可稱為非語言溝通。因此，非語言溝通應只是個統合的概念，事實上它有相當豐富的內涵。以下將就不同研究者，對非語言溝通內涵所持的觀點，再分別加以列舉介紹。

㈠ Ruesch & Kees（1956）將非語言溝通分成下列三類：

　　1. 符號語言（sign language）：用來取代言語、數字、標點符號等之手勢姿態皆屬之。

　　2. 行動語言（action language）：所有肢體動作不特意地用作符號者，如走、跑、吃等皆屬之。此種語言不只可滿足個人需求，也在向他人傳達某種訊息；例如，你在猛喝水，固可解渴，但也同時告訴人家你很渴。

　　3. 物件語言（object language）：所有物件有意或無意的展示，如身體、衣飾、珠寶、工具、機器、藝術品等皆屬之。

㈡ Ekman & Friesen（1969）將非語言行為分成下面幾類：

　　1. 象徵（emblems）：非語言動作可直接翻譯成言語者稱為象徵；如聾人的手語、棒球教練的手勢等皆屬之。

　　2. 說明者（illustrators）：非語言行為常用來解說我們想要說的；如在說明某人有多高時，吾人常會配以手勢加以解說。

3. 情感的顯示（affect displays）：非語言行為在表達內在的情緒；它一般係不自覺與無意識的，像喜、怒、哀、樂等之寫在臉上。

4. 調節者（regulators）：非語言行為在調節人際間溝通的步調與言語互動的流暢狀況；如聽話者的點頭示意、說話者在發問之前稍待片刻或以手勢提醒聽眾注意等皆屬之。

5. 調適者（adaptors）：這是最難理解的非語言溝通的形式。它們皆是早年所學得的習慣，以幫助我們滿足需求的動作或姿態（如甩甩頭以避免頭髮擋到視線），維持最早期的人際關係，並完成求生所需的基本工作。它們皆是無意識的，其目的並不在傳達某種訊息。

(三) Knapp（1972）將非語言溝通分成下列七種類型：

1. 身體動作（body movement）：身體動作又可分成下面三種：
   (1)姿態（gestures）：含軀體、頭、手、腿、足之動作。姿態可傳達的訊息包括態度、相對的社會地位、情緒等。
   (2)表情（facial expressions）：如微笑、皺眉、鬼臉等。表情可以傳達情緒、瞭解、同意與否。表情比聲音更能正確地表達情緒。對他人表情的判斷可能受到個人人格特質、智力、生活經驗、年齡、性別等之影響。
   (3)注視行為（eye behavior）：含眼睛的運動、眼皮的位置、注視的方向與時間長度等。吾人透過注視行為所傳達的情緒與態度可能遠多於身體其他部位。眼光有接觸表示溝通的管道是暢通的。會影響人們眼光接觸的分量之因素如說話者的依賴感、說話者間的地位關係、說話者間的物理距離、情境的競爭性等。

2. 身體特徵（physical characteristics）：身體的魅力（physical at-

tractiveness）會影響人們彼此的互動。值得注意的身體特徵如體態、身高、耳朵尺寸、手指長度、膚質、膚色等。

3. 人工佩飾（artifacts）：包括一個人所穿戴之所有的物件，如衣服、珠寶、眼鏡、化妝品、購物袋、手提箱、雨傘等。其中尤以衣服更能傳遞個人地位、團體身分、及重要的人格特徵如態度、價值觀、自我意象、脾氣等訊息。

4. 接觸行為（touching behavior）：如握手、粗魯的推擠、摑耳光、愛撫等皆是。幼兒自出生以後被餵食、換尿布、洗澡等，皆是藉由這些觸撫與外界溝通，最後抽象的言語才逐漸取代觸撫而成為溝通的主要方式。

5. 準語言（paralanguage）：指言語本身以外之其他成分，特指如何說而言；換句話說，準語言是指有聲音但不用言語（words）的溝通。人類聲音（voice）的特質，即表現準語言的特色。這些特質包括音調（pitch）、音色（timbre）、音量（volume）、速率（rate）、節奏（rhythm）、構音（articulation）等。從聲音的特性吾人可能獲知個人的年齡、身材、性別、種族、個性、教育程度、從何處而來、社會地位、情緒狀態，甚至藉助聲音的妥當運用也可能產生說服的效果。

6. 貼近性（proxemics）：人們談話時在空間的接近程度，對溝通會有影響。有些人類學家認為對某特定領域的控制也是一種重要的人類需求。如果一個人的領域受到威脅，其與人溝通的方式有可能改變。除了領域感之外，人們也發展出圍繞其身體的個人空間感（a sense of personal space）。

7. 環境因素（environmental factors）：影響人們溝通的環境因素如地理特性、氣候、建築、擺設、採光、用色、溝通的時間（時段）等。

二、非語言溝通的重要性

在人際溝通中，非語言訊號可謂無所不在，且其重要性較之語言溝通似毫不遜色。我們甚至可以說，當我們在社交場合使用「語言」溝通時，是很難不用到「非語言」行為的。非語言訊號是人際互動構成整體社會意義所不可或缺的部分。有人更直言在人際溝通中，有93%的意義來自於非語言的線索，而只有 7%的意義係由言語所傳遞（Mehrabian & Wiener, 1967）。Birdwhistell（1955）雖提出較為保守的估計，但在社會互動中經由非語言行為所溝通的意義，仍達 60%至 65%之譜。

有許多研究發現，成人在面對諸如求職面談、領導才能評估、治療性會談、態度表達、對第一印象的判斷之場合時，非語言要比語言的線索更受倚重。當非語言線索和語言訊息相衝突時，非語言線索特別可能受到人們的相信。Burgoon（1994）曾對人際溝通時，人們對非語言和語言訊息的倚賴情形之相關研究結果做歸納，而提出下列的看法：

㈠在決定社會意義時，成人一般對非語言線索的倚賴，更甚於語言線索。

㈡兒童對語言線索的倚賴，更甚於非語言線索。

㈢當語言和非語言訊息有所衝突時，成人對非語言線索的倚賴最深；但當訊息變得更一致時，語言線索就變得日益重要。

㈣對線索管道的倚賴，視所要的是何種溝通功能而定。對於事實、抽象、及說服性的溝通，語言線索會比較重要；而在傳遞關係、形容、情感、及態度的訊息時，非語言線索就更為重要。

㈤當訊息內容在不同線索管道呈現一致時，來自於所有線索管道

的訊息會被平均看待；當訊息內容不一致時，線索管道與線索本身會被差別看待。

㈥人們對線索管道的倚賴會有一貫的癖好。有些人一直依賴語言訊息，另有些人一貫的倚賴非語言訊息，也有人對線索管道的倚賴係視情況而定。

此外，Trenholm & Jensen（2000）亦指出非語言溝通所能發揮的功能有以下三方面：

㈠表達意義：非語言訊息常被用來表達我們對他人的感受，以及我們如何看待彼此的關係。透過非語言溝通，吾人可傳達下列三種重要的感受：

　1. 喜歡的程度：如以「微笑」代表喜歡；「嗤之以鼻」則顯示不喜歡。

　2. 地位：如「瞪視」屬下，係在表達統治支配性。

　3. 共鳴性：如「潸然淚下」或「開懷大笑」皆顯示高的共鳴性；而「一臉茫然」則表示共鳴性不高。

㈡修正語言訊息：雖然某些非語言行為會單獨表現，但仍有些是會和語言訊息相結合，而發揮補充、強調、重複、替代、或牴觸的作用，茲分別說明如下：

　1. 補充（complementing）：非語言訊息增加或修飾言語的表達。如同事說「他病了」，而從他的「臉色與神情」，我們可以瞭解病情如何。

　2. 強調（accenting）：即非語言行為在強調言語的表達。如在說出「我考上了」的同時，也「鼓掌雀躍」，則會使「考上」的字眼更為突出。

　3. 重複（repeating）：即非語言舉動在重複表達說過的訊息。如有人請求幫忙，我們除了說「好」之外，又「微笑點頭」，

讓對方體會我們的真誠。

4. 替代（substituting）：即以非語言行為代替言語的表達。如一言不發，只是「表情冷漠」，即足以表達拒絕的態度；另外在不方便說話的場合，人們單靠手勢或表情，也可表達情意。

5. 牴觸（contradicting）：即非語言行為所傳達的訊息和語言行為相互矛盾。如某人說「很歡迎」你，但一到他家，他「門也不開」，你可能會對他說話的誠意存疑。

㈢調節語言互動的流暢性：這是一種聯繫與調節（relating and regu-lating）的功能（Argyle, 1969）。即非語言舉動在調節談話的進行。當兩個人在談話時，非語言行為具有可以讓雙方順暢地輪流說話、向說話者示意（非語言行為）加快說話的速度、改變用語、減少說話的長度、停止說話、避免長時間的停頓、改變話題、甚至暗示該結束談話等功能。由於此種非語言行為係根據在溝通情境中參與者之間的回應，因此被視為一種關係的功能（relational function）。

從非語言線索在人際溝通所扮演的角色及所能發揮的功能，吾人不難理解人際溝通中若少了非語言訊息，將會多麼遜色而無趣。為有效進行人際溝通，我們不僅須瞭解他人所傳遞的非語言訊息，更應適時運用非語言行為，以獲致最好的溝通效果。

三、非語言線索的分析

吾人若將非語言溝通之線索，按其特性加以分析，大致可以發現非語言線索似離不開空間、時間、視覺、聲音、與觸覺之類的範疇。茲分別進一步加以分析如下：

㈠空間與時間的線索

　　文化對於非語言溝通有著微妙與滲透性的影響。而空間與時間的線索即深受文化的影響。

　　1. 空間：Hall（1966）針對北美人士的研究，指出有下列四種距離可以顯示人際關係的狀況，而每一種距離又可再分成近距與遠距兩種型態：

　　(1)親密距離（intimate distance）：距離在 18 吋或 18 吋以下。

　　　　①近距型（close phase）：6 吋或 6 吋以下。主要用於非語言溝通。討論主題通常屬高度機密。

　　　　②遠距型（far phase）：6－18 吋。常用於討論機密性事務，且聲量屬悄悄話的範圍。

　　(2)個人距離（personal distance）：1.5－4 呎。

　　　　①近距型：1.5－2.5 呎。。用於非常親密的關係。

　　　　②遠距型：2.5－4 呎。是可與朋友輕鬆交談的距離。

　　(3)社會距離（social distance）：4－12 呎。屬於一種心理距離。

　　　　①近距型：4－7 呎。適於業務討論及社交談話。

　　　　②遠距型：7－12 呎。適於辦公室會議。

　　(4)公共距離（public distance）：12 呎或 12 呎以上。

　　　　①近距型：12－25 呎。需較正式的語言和較大的聲音。

　　　　②遠距型：25 呎或 25 呎以上。有經驗的公眾演講者在降低彼等說話的速率時，可能會有誇張的肢體動作、手勢、說明、和音量。

　　在跟他人談話時，我們感覺自在的距離，可能會因個人人格和你與之互動者的年齡、性別、地位、或文化差異而定。有一項研究（Baxter, 1970）發現安格魯、黑人、及墨西哥裔美國人在溝通時所採

距離之差異：墨西哥人彼此站得最近，安格魯人居中，黑人最遠。阿拉伯人在談話時也習慣站得很近，要是有人退後說話，對方會認為受到侮辱；但如果和日本人談話，可別站得太近，他們對三英呎以內的距離皆常覺得不自在（Auth, 2003）。此外，空間也具有顯示權力關係之作用。具有權力的人通常比權力較小的人占有更大的空間。

2.時間：不同的文化對時間往往有不同的詮釋，因而在溝通時如果不慎，即可能引發誤會；如在台灣鄉下的喜宴，喜帖上寫的是晚上6：00 入席，但若 6：30 才姍姍來到，眾人似也見怪不怪。另外，時間似乎跟身分地位有關。被認為重要的人士，可以讓別人等他；身分地位高的人遲到，不致有嚴重的後果。而地位低的人遲到，則可能遭致斥責、處罰、或取消約會的後果。君不見在許多華人社會的開會場合，地位最高的人往往是最晚到場的。

(二)視覺線索

1.表情：由表情可以瞭解人們的人格特質、態度、及情緒狀態。人類大多數的表情是本能反應，而非習得的行為。Ekman & Friesen（1975）的研究指出，儘管文化背景不同，但在快樂、悲傷、驚訝、恐懼、憤怒、及厭惡這六種人類的基本情緒之表情，卻具有顯著的普遍相似性。他們特別指出下列三組面部肌肉的運用，跟這六種表情有關：

(1)眉毛與前額。

(2)眼睛、眼皮、及鼻根。

(3)面頰、嘴、鼻子的大部分、及下巴。

上述所有這些面部肌肉的特定組合，將可產生某種情緒狀態的表情。例如，驚訝的表情是由：(1)揚起的眉毛，(2)睜開的眼睛，及(3)下巴掉落與嘴唇分開所構成的。

2.眼光接觸：有人把眼睛稱為「靈魂之鏡」（the mirrors of the soul）。我們常可從別人的眼睛，去判斷其是否誠實、有興趣、友善、及具有自信。事實上，吾人對臉部下半段肌肉要比眼睛周圍的肌肉更有能力控制，因此臉部可能成為「主要的非語言說謊者」，但眼光接觸所提供的線索卻可顯示真性情。瞳孔的大小是一個人是否有興趣的敏感指標；有興趣時瞳孔會放大。黑人會避免眼光接觸（特別是在面對長上時），因其自小即被教導直接看著人是不敬的。此外，Kendon（1967）認為注視（gaze）可扮演下列三種溝通功能：

(1)表達：如表達恐懼、驚訝之情緒、顯示興趣與愛慕、及引起別人的注意。

(2)調節：如注視表示準備好可以開始說話，轉移視線則正好相反；開始談話後，注視的行為也有助於讓雙方順暢地輪流說話。

(3)檢查：如察看對方的回應。

3.身體動作：身體動作可能很微妙地在傳達個人的意念、情緒、需求或動機。Ekman（1965）指出頭與臉部的線索可顯示一個人的情緒狀況為何，而身體動作所散發的線索卻可表現那種情緒狀態的強度。

4.手勢：在非語言溝通上，手勢的重要性僅次於臉部線索。在美國男人間抱緊著手是罕見的，但在非洲、阿拉伯、及東南亞有些地方則是友誼的象徵；在美國很流行用大拇指與食指形成一個圓圈來表示OK 的手勢，不過在希臘、巴西、德國、和俄羅斯是被視為低格的手勢（Passero, 2002）。由此可見其文化差異之一斑。

5.外貌與使用物件：吾人之穿著、打扮、佩帶的飾物、紋身等所呈現的外貌，常會給人留下持久的第一印象。其中尤以穿著特別會顯示我們的社會地位、團體身分、及人格特性。留鬍子可能會擴大兩個男人間的社會距離。我們對汽車、房子、傢具、書刊等的選擇，是在做顯露我們自己的溝通。

㈢聲音線索

語言訊息（verbal message）指的是說的是甚麼，而聲音訊息（vocal message）則是如何被說的。聲音線索常可傳達出說話者的情緒狀態。例如，悄悄話在傳遞隱密與親熱的訊息，而吼叫則在顯示憤怒。至於嘆氣到底是在表達同理心、厭煩、或滿足感，則要看場合而定。聲音線索有時亦可做為推論人格特質的基礎。聲音也可用以顯示一個人的社會地位。Harms（1961）指出說話時顯示地位的線索，可能是由言辭的選擇、發音、文法結構、音質、構音等可觀察到的特徵所組成的。聲音線索的訊息值得注意的有下列幾方面：

1. 音量：音量適當與否往往因情境與文化而有別。使用音量可能與人格特質有關。使用音量適當與否，最好的檢驗方法是看訊息接收者的回應情形。

2. 速率與流暢性：說話的速率指的是在特定的時間內說出的字數。平均說話的速率大約是每分鐘 125–150 字。較快的說話速率似與恐懼或憤怒有關；較慢的說話速率則與悲傷或沮喪有關。說話速率要能因應說話內容和訊息接收者的狀況，才能發揮最大的溝通效能。說話的流暢性和說話的速率密切相關，而停頓當然會影響到流暢性。說話的流暢性會影響到溝通的效能。

3. 音調：較低頻的聲音聽起來會較舒服。人們多期待說話的音調要有變化，並從音調的變化去探知一個人的情緒狀態。音調雖無法影響聽者所能理解的資訊數量，但它卻可影響其對溝通者與資訊內容的態度。

4. 音質：音質或音色之差異大部分係出自吾人聲音共鳴狀況的不同；聲音共鳴狀況則與吾人身體的大小、體型和聲帶有關。五種常見聽起來特別不舒服的音質為：

(1)濃重鼻音（hypernasality）。

(2)缺乏鼻音（denasality）。

(3)嘶啞聲（hoarseness）。

(4)刺耳聲（harshness）。

(5)喘息聲（breathiness）。

不過，經由訓練與練習吾人將可改善說話的音質；而錄影設備的使用將有助於這樣的訓練與練習。

5.沈默：沈默往往可以傳遞非常有威力的訊息。「我不對你說話」實際上所傳送的「音量」是蠻大的。我們常用沈默來表達不同的意義。例如，一對愉快的親密戀人，無聲勝有聲，沈默所顯示的乃是滿足感；而當與新認識的朋友話不投契時，沈默可能又成為尷尬的象徵。另一方面，有時沈默也可能在表示對他人的不肯定。

㈣觸覺線索

從我們出生開始，非語言的觸覺線索就十分重要。對嬰幼兒的觸覺刺激，據信似有助於其社會、情緒、甚至於智能的發展。身體接觸的行為具有表達情緒與意義的功能；例如，人際間的碰觸常見用於傳遞侵犯、表示地位、友好、性愛、或調整互動狀態等的訊息。不過，身體接觸可以說在非語言行為中是最難拿捏的，因其意義全視雙方關係的性質、對方的年齡與性別、接觸的場合、碰觸的力道、有意或意外的碰觸、及碰觸時間的長度等而定。

第二節　非語言溝通的運用

一、非語言溝通原理

　　非語言溝通在人際溝通中既如前所述有其重要性，非語言訊息或行為是如何實際地在人際溝通互動的場合發生作用的，應值得吾人進一步地注意與探討。Wood（2002）曾指出下列四個原則，或有助於瞭解非語言溝通是如何影響人際互動的意義。

　　㈠非語言溝通可以補充或取代語言溝通：非語言行為可透過前面曾提過的補充、強調、重複、替代、及牴觸五種途徑，而和語言溝通有交互作用，從而發揮擴增或取代語言溝通的效果。

　　㈡非語言溝通可以調節人際互動狀態：前面曾經提及非語言溝通具有調節語言互動流暢性的功能。我們皆倚賴非語言行為而知道甚麼時候該說話，甚麼時候該保持沈默而讓別人說話，以及該說多久。在談話時，一般而言，對方不會說「輪到你說」或「我現在說完了」，通常這些意思多透過非語言行為加以表達，如「直接看著你並招手示意」或「雙手一攤」。又如我們不願被人打斷談話，可以用「避開視線」或「提高說話的音量與速度」以阻退干擾。

　　㈢非語言溝通常用以建立關係層面的意義：在人際溝通中一般會出現兩種層面的意義；一為屬實際的資訊或語意上內容層面的意義，另為界定人們身分與人際關係之關係層面的意義。非語言溝通要比語言溝通傳遞更多的關係層面的意義。因此非語言

溝通常被稱為「關係的語言」（relationship language），因其能表達對人際關係整體的感受。經由非語言溝通所傳遞之關係層面的意義有下述三方面：

1. 回應性（responsiveness）：透過眼光的接觸、表情、身體姿態，我們可以顯示對他人的溝通所具有之興趣水準。例如，「保持眼光的接觸」、「點頭」、「身體向前傾」、並「表現專注的神情與姿態」，即表示有興趣；而「減少視覺的接觸」、「左顧右盼」、及採取「被動的身體姿勢」，就顯示缺乏興趣或厭煩。

2. 愛好（liking）：非語言行為常是我們對他人的感受，有多正面或負面的敏感指標。如「微笑」及「友善的碰觸」就表示正面的感受，而「皺眉頭」與「動粗的姿態」則在表達敵對的態度。向別人張開雙手是在表示喜愛與歡迎，而「調頭就走」就在表明不喜歡。

3. 權勢（power）：人們十分依賴非語言行為去維護其支配性、地位、與影響力。男性似比女性更致力於運用非語言溝通去發揮控制力。一般而言，男性比女性會占用更大的空間，並用更大的音量及更強勢的姿態去表明他們的主張。男性也比女性更可能使用手勢與碰觸去象徵其具有控制力。人們的身分地位也可能影響其利用非語言行為去表達他們所具有的權勢。權力在握者碰觸他人，無非在張顯他們具有權勢；例如，老闆碰觸伙計，似常遠多於伙計碰觸老闆。此外，人們有時藉由「沈默」在表明其所具有的權勢。例如，藉由「不回應」，我們可以阻斷他人說下去，以讓出機會談我們自己喜歡的話題。

㈣非語言溝通在反映與傳遞文化的價值觀：正如語言溝通，非語

言行為也在反映特定文化的價值觀、常模、與傳統。大多數的非語言行為並非本能的反應，而是我們在特定文化的社會化過程中學得的。例如，歐美人士多有明顯的私有領域（territoriality）傾向，其中德國文化特別強調私有空間，因此德國人常築起圍牆或籬笆，以和鄰居隔離。但在個人性（individuality）不是如此強調的巴西文化，許多巴西人在店舖、公車、與電梯裡頭都站得很近，且當他們碰撞在一塊時，他們也不道歉或退讓。此外，眼光接觸的型態也在反映文化的價值觀。在美國，率直與決斷是受肯定的，所以迎接他人的眼光，會被認為適當，且顯示個人的誠實。不過在許多亞洲及北歐國家，直接的眼光接觸會被視為唐突與不敬。然而在巴西，人們彼此眼光的接觸是那樣的熱烈，以致會讓外人認為粗野無禮。

二、運用非語言溝通之研究結果

有關非語言溝通的研究起步甚晚，約在 1960 年代初期才開始有這類的研究（Argyle, 1979）。針對非語言溝通的接收與傳送所做之探討，曾有若干研究結果被歸納出來（陳彥豪，民 88）。其中有關非語言接收技巧的部分有下列的結論：

㈠就整體而言，女性一般比男性在解讀非語言訊息方面，來得精明得多。

㈡解讀技巧有持續增加到二十多歲的傾向。

㈢在智力與其他語言的評量及非語言解讀能力之間，似乎存在低的相關。

㈣精明解讀者的個性似乎皆反映出屬外向、受歡迎、以及能判斷由別人所做出來的人際溝通效果的能力等特質。

(五)演員、非語言行為領域的學生、視覺藝術的學生等,在非語言解讀能力的測試上,得分都來得高一些。

(六)如果你能解讀某一管道的資訊,你就能夠擅長於解讀其他的管道;如果你能擅長於解讀裝出來的行為表現,你就能夠擅長於解讀自然的行為表現。

另外,在傳送與產生非語言訊息的技巧方面,也有以下的發現:

(一)女性仍比男性擅長於這類的傳送技巧。

(二)擅長於這類傳送技巧的人似乎比較外向、具支配慾、愛表現、受歡迎,且也比較少出現急躁的情形。

(三)如果你能傳送出正確、自然的行為表現,你也能夠正確地傳送出裝出來的行為表現,且反之亦然。

三、促進非語言溝通效能的原則

在討論如何促進非語言溝通效能時,我們似可從非語言行為的傳達與非語言行為的接收或解讀應遵循的原則,這兩個角度分別去加以說明。

(一)非語言行為的傳達

1. 時時自我反省本身的非語言行為:注意自己的非語言溝通是否能充分表達自己,並實現所欲之人際關係的目標。吾人若能善解本身與他人的感受,並好好彼此溝通,將有助於雙方關係的發展。

2. 在表達情緒時應善用非語言行為:非語言行為可以告訴人們我們的情緒狀態。在對人表達感受時,非語言行為要比語言符號更有力。且用不同的非語言行為傳達同樣的訊息,其效果會得

到強化。

3. 非語言行為應與語言表達善加配合：我們很少僅用語言或非語言溝通。非語言行為常可用來補充、強調、重複、替代、或牴觸語言訊息。同時，我們也常對自己與他人的非語言行為貼上語言標籤。語言和非語言行為可說共同形成一種完全而不可或分的溝通系統，兩者的運用宜妥善配合。

□非語言行為的接收或解讀

1. 非語言溝通的解讀須以整體來看才可掌握確切的意義：前面曾經提及，在面對面溝通中，所有社會性意義至少有 60% 至 93% 係透過非語言刺激加以傳達。意義有極大的部分係由情境（context）所決定。非語言訊息基本上可能發揮替代、強化語言訊息、或和語言訊息相矛盾的功能。在非語言訊息和語言訊息相矛盾時，訊息接收者一般會傾向於相信非語言訊息；其理由有二：

   (1)非語言線索可提供一個人的意向與情緒反應的資訊。

   (2)一般人對身體動作、表情、音質等常無法作確切地模擬。

   面對面溝通是一種整體的經驗；不管一個人說的是甚麼，你所看到此人的面貌、身體動作、衣著等為何，你皆對此一整體輸入的經驗在做反應。

2. 以保留的態度解讀他人的非語言行為：非語言溝通雖可用以解讀人們的人格、情緒、人際關係的態度等（Argyle, 1979），但以非語言溝通的複雜與含混性，我們要想有正確的解讀著實不易。如果我們認為可以的話，確會冒著誤判的風險。然而，要是我們在解讀他人的非語言行為時，能夠考慮到其個人與情境的因素，或許會比較有效。吾人須知，同樣的情況表現出來的

非語言行為，可能就不一樣。例如，同樣是專心聽講，有人表現的是保持眼光的接觸，但也有人卻闔起雙眼以集中注意力在聽講。在另一方面，非語言行為的意義也和其發生的情境息息相關。我們若以自己的文化之常模與規範，去解讀來自於不同文化人們的非語言行為，則很容易發生誤會。例如，西藏婦女和人很少有眼光的接觸，這種情形是在表示尊敬，不過很可能會被一般美國人認為好似在逃避甚麼。此外，肢體動作所表達的意義多有其文化的特殊性；如美國人以搖頭表示否定，但阿拉伯人則表示肯定。我們對非語言訊息的解讀不可不慎。

第9章

兩人的溝通

第一節　社會情境與兩人溝通

一、社會角色與溝通

　　人是社會的動物，不能離群而索居。為維持社會生活的和諧與安定，人類社會本身自有其規範體制，供其成員奉行遵循，方能維護社會秩序於不墜。這些規範體制，除了吾人熟知的法律、道德、倫理、風俗、習慣外，事實上，社會常模（norms）與角色（role）也具有相當的規範力量。我們甚至可以說，我們是怎麼樣的人及我們怎麼樣溝通，有一大部分是由社會常模所決定；而對我們的自由最有力的限制之一係來自於社會角色。

　　常模可以說是一種標準、平均狀況、常規。常模的存在有不同的社會水準：有些常模在某一文化幾乎為所有成員所認同；也有的常模是某些國家、地區、社區、社團、或家庭所特有的。常模可以說是限制與指引行為的原則。有了常模的規範，人們的行為將更可預測，也減少針對某種行為再做溝通的必要。

　　角色（role）是應用於社會中特定人的一組常模。它是社會控制（social control）最強而有力的形式之一。人們的社會角色對其溝通具有深遠的影響。我們從男性與女性在語言和非語言溝通行為上可能的差異，即不難想像性別角色對溝通行為規範之鉅。再如針對成人與兒童、不同職業、不同社團等的成員作比較，我們也可以很容易發現他們之間彼此溝通行為的差異。我們似乎可以這麼說，當我們擔任了某一種角色，就幾乎好似我們被交付了為我們所描繪的社會行為演出之

人際溝通

劇本。而角色就在告訴我們，如何在每天生活的社會劇中扮演我們自己的部分（Trenholm & Jensen, 2000）。人的一生需要扮演各種不同的角色。如果我們在扮演不同角色發生困難時，則可能產生角色衝突的現象。常見之角色的衝突有下列兩種：

　　㈠角色間的衝突（interrole conflict）：如某一學生被派去監考同班
　　　　同學，可能令其有點兒為難。

　　㈡角色的內在衝突（intrarole conflict）：如在女性角色中，妻子與
　　　　母親角色之間可能出現的衝突，而難以兩者皆面面兼顧。

　　一個人所扮演的角色（enacted role）未必與被期待的角色（expected role）相符。發生角色的衝突後，如在面對不同溝通對象不一樣的角色期待時，不只會產生溝通的需要，也可能會導致溝通的困難。至於所扮演的角色未能符合被期待的角色時，往往即成為人際溝通的起點。我們甚至可以說，大多數的人際溝通可謂係在人們的角色期待間進行的。一個人對本身應扮演的角色有確切的認知固然重要，而對其被期待扮演的角色能有所覺察，也是建立良好人際關係的必要條件。吾人對自己角色的認定，也許比較容易，但對被期待的角色之瞭解和接納情形，往往是人際溝通的動能所在。此外，對自己角色的認定是一回事，而角色職分扮演及被認可的程度又是一回事。在對角色的自我知覺與他人的角色期待相互折衝間，人際溝通的需求就自然產生了。而這樣的人際溝通，事實上多半係在處理人際關係的問題。這種情形在兩人的溝通場合尤其明顯。

二、兩人溝通的類型

　　兩人的溝通可以說是人際溝通中最常見，也是最基本的溝通型態。兩人的溝通雖然參與溝通者只有兩個人，但彼等卻可能出現形形

色色的交流互動。Jones & Gerard（1967）即曾指出下列四種兩人溝通
的型態：

(一)假冒相隨型（pseudocontingency）：在兩人說話時完全沒有互
　　動，而各說各話。

(二)不對稱相隨型（asymmetrical contingency）：一個人講話只注意
　　到自己，但另一個人講話時，卻將其內在的感受和對對方所說
　　的而做的反應相結合。

(三)反應性相隨（reactive contingency）：兩人正如在緊急情況中一
　　樣作驚慌性反應，而沒有認真考慮他們如何或為甚麼做反應，
　　或考慮他們本身最佳的利益為何。

(四)互通性相隨（mutual contingency）：這是兩人獲致真誠的互動之
　　溝通型態。每一個人皆能傾聽對方講話，並依據自己的感受，
　　以及他所聽到的和他認為對方所感受到的來做反應。

另外，Redding（1970）則依據遭遇的形式（form of the encoun-
ter），將兩人溝通分為下列的類型：

(一)親密互動（intimate interaction）。

(二)社交性對話（social conversation）。

(三)質問（interrogation）。

(四)辯論（debate）。

(五)會談（interview）。

Redding（1970）所提的這些溝通型態，皆與兩人的關係及雙方會
談的目的有關。在兩人溝通的型態中，尤以會談應屬最為普遍的一種
互動形式。

三、會談的性質

　　會談是一種涉及兩夥人口語溝通的形式，最少其中一人具有預先想好與認真的目的，且雙方皆不斷在進行說與聽的活動。一般而言，會談的特徵有下列幾方面：

　　㈠使用簡單的詞彙和語型。

　　㈡需要用心傾聽。

　　㈢需注意非語言行為。

　　㈣使用單字、不完整的句子、與片語。

　　㈤採用簡短的介紹。

　　至於會談的目的，則可能涉及下列幾方面：

　　㈠獲取資訊：如藉由問問題以獲知對方的意見、態度、或經驗。

　　㈡提供資訊：給予對方需要的資訊。

　　㈢勸說：企圖改變對方的態度或想法。

　　㈣解決問題：謀求對問題的妥善處理。

　　㈤諮商：給予對方情緒的支持、協助面對或處理所遭遇的問題等。

　　㈥專業的人事會談（specialized personnel interviews）：如就業會談（job interview）、受理控訴（complaint receiving）、申誡（reprimanding）、成績審查（performance reviewing）等。

　　㈦壓力會談（stress interviews）：即令被會談者處於生理或心理壓力下之會談，如警察的詰問、法庭的交叉審問、某些心理研究的測驗情境等。

　　吾人須知，會談的目的儘管會有不同，但會談雙方的反應狀況，與會談的品質應有密切的關係。至於可能影響會談參與者反應的因素，比較值得注意的有以下幾方面：

㈠期望與預測：會談參與者皆將某些成見、偏見、期望、要求等帶至會談的場合，這對彼此的應對都會有影響。

㈡性別：會談參與者的性別常會影響他們的態度、期望、及合作的程度。

㈢年齡：年齡跟一個人所扮演的角色有密切的關係。較高的年齡似具有權威性，也可能影響對方反應的意願。

㈣種族：種族的刻板印象可能會對人際溝通造成影響。

㈤說話特性與個人的外表：一個人說話的詞彙、腔調、與文法皆會影響別人對他的印象。此外，一個人的衣著、髮型、裝扮、配飾等外表對會談也會產生影響。

第二節　非結構的兩人溝通

一、非結構兩人溝通之特性

兩人的溝通若在非結構的情況下進行，則雙方對於會談溝通的主題、場合、時間等，多不必先行規劃或取得對方的同意。因此，它應該是自然狀態下的溝通方式。夫妻、同事、同學、朋友之間的溝通，如果不是刻意安排，皆屬非結構的兩人溝通。在此種溝通方式下，雙方的需求、動機、價值觀、態度、與人格特質，也最有機會自然流露，並可能影響溝通過程。

一般而言，非結構的兩人溝通，會比大團體成員的溝通涉入（involvement）更深；兩人溝通雖可有令人滿足的感受，但如遭遇不愉快的經驗，則由於其涉入的深度，兩人溝通會比大團體成員的溝通，產

生更強烈的負面感受。

在兩人溝通中，高權謀者於溝通時似會去引導互動的氣氛、內容及結果；而低權謀者在溝通問題的處理上效能雖差，但對他人的感受其敏感性卻更高。此外，在溝通時，一個人表現的能力和其警覺（arousal）水準似呈現倒 U 形之關係。

人際關係的若干因素在非結構的兩人溝通中，似亦有其影響作用，其中值得注意的有下列的情形（Tubbs & Moss, 1978）：

㈠對親密關係需求（need for affiliation）的程度會影響兩人溝通互動的狀況。其中高親密關係需求者不喜獨處，而喜與人為伍；低親密關係需求者則反是。

㈡支配需求（need for dominance）的程度同樣會影響兩人溝通互動的狀況。支配需求高者會比支配需求低者更想去掌控溝通的過程。

㈢支配需求似與成就需求（need for achievement）有關；支配需求高者成就需求也高。

㈣支配需求似與自我概念（self-concept）有關；自我觀念不良者，其支配需求也低，同時在溝通時多扮演順從的角色。

㈤支配與親密關係需求兩個因素影響溝通行為的情形，則可從圖9－1 所顯示的見其端倪。

㈥地位（status）不平等的兩個人進行溝通時，地位較高者較可能左右話題及討論的長度。地位較高者被稱呼時常以其頭銜及姓氏稱之（如 Good morning, Dr. Jones），而地位較低者則常被直呼其名或以其名之簡式稱之（如 Hi, Mike）。此外，兩人溝通地位的差異不僅影響溝通的型態，也會影響溝通的實質內容。

	高支配	低支配
高親密關係	忠告 協調 指導 發動 引導	順從 同意 協助 合作 效勞
低親密關係	分析 批評 不贊成 判斷 抗爭	讓步 規避 放棄 退卻 退縮

圖 9-1　支配與親密關係對溝通行為的影響

（採自 Tubbs & Moss, 1978, p.229）

二、非結構兩人溝通之分析

　　吾人如要瞭解非結構兩人溝通互動的狀況，則溝通分析（Trans-actional Analysis，簡稱TA）或許是可資參考的概念。溝通分析係由Eric Berne發展而來。此一方法常被用於自然非結構下兩人溝通行為之分析。

　　溝通分析的基本前提是每一個人皆有三種並存的自我狀態即「父母」（Parent，簡稱 P）、「成人」（Adult，簡稱 A）、與「兒童」（Child，簡稱 C）。主張溝通分析者認為每一個人的人格係由「父母」、「成人」、與「兒童」這三種可觀察得到的自我狀態所組成的（Berne, 1961）。其中「父母」自我狀態是個體對其生命中重要人物（如父母即是）的行為之記錄與仿傚。父母等重要人物之行動、說

話、教訓等就像被錄影機錄下一樣，被記錄在一個人的腦子裡，而影響個人的態度與行為。「成人」自我狀態則是在運用理性與邏輯的思考，去蒐集與處理資料，並對之作出結論。因而「成人」自我狀態的性質就如電腦（computer）一般，能摒除情感因素的羈絆，根據事實與客觀的標準，以評估和預測外界的現象，然後表現出適切與令人滿意的行為。至於「兒童」自我狀態可說從出生（甚至是出生前）即已出現。「兒童」自我狀態所蘊涵的乃是一個人的生物需求及基本的感受，它所表現出來的可說是人類最真實的一部分。換句話說，「兒童」的自我狀態已保存了一個人從小所學到的重要情緒之反應方式；一個成年人的「兒童自我狀態」，所表現出來的行為與情緒，和其年幼時所表現者，可說是相同的。運用這種「父母」、「成人」、及「兒童」自我的分類方法，溝通分析可以把兩人（或更多人）間之溝通大致分成互補式（complementary）、交錯式（crossed）、或曖昧式（ulterior）之溝通方式。茲分別說明於下：

（一）互補式溝通：互補式溝通（如圖9-2）是指雙方一來一往出現互相平行的刺激行為與反應行為。由於此種溝通方式具有直來直往的開放特性，因此雙方多可容易地不斷相互溝通。

（二）交錯式溝通：指某人用以反應所表現的自我狀態，並非對方所預期的，因而形成溝通受阻或中斷的現象，如圖9-3所示。在交錯式溝通中，刺激與反應行為是交叉、南腔北調，而非相互呼應的。在這種溝通狀況下，雙方如有衝突應不足為奇。這是可能造成溝通障礙的一種人際互動方式。

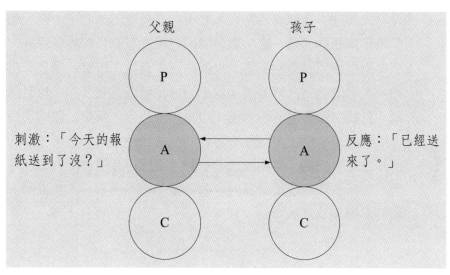

圖 9-2　互補式溝通

（採自何華國，民 91，頁 120）

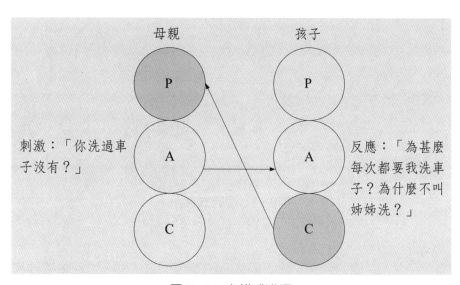

圖 9-3　交錯式溝通

（採自何華國，民 91，頁 121）

㈢曖昧式溝通：這種溝通方式所表現的乃是嘴巴講的是一套，可
是骨子裡想的又是一套。溝通的內容中除了有公開的訊息外，
另外也包括了隱含的意思；也就是話中有話，既是明講也有暗
喻。此種溝通方式牽涉兩種以上的自我狀態，有公開，也有隱
藏的自我在影響溝通的過程，如圖9-4所示。其中公開的溝通
係以言語來表示，而隱藏的溝通則是透過話中的口氣所顯示的
言外之意、表情、音調變化、手勢、姿態等非語言行為加以傳
達。曖昧式溝通堪稱是屬於「悶氣型」的溝通方式。如果兩人
間的溝通無法開誠布公，雙方欲順利交流互動委實不易。

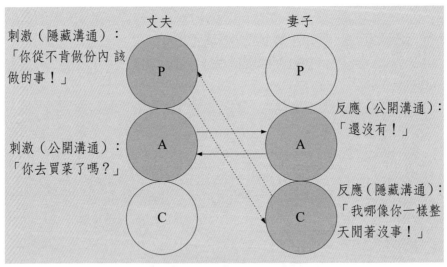

圖 9-4　曖昧式溝通
（採自何華國，民 91，頁 122）

人與人之間的溝通，除了前述三種典型的方式外，當然依據排列
組合的原理，仍可能出現其他許多的溝通型態。事實上，人們許多溝

通問題多起於或多或少拘執於某一特定的自我狀態，以致其從此種參考架構去作反應，而不管別人說的是甚麼。不過藉由溝通方式的分析，應有助於吾人瞭解人際互動的良窳，及可能形成溝通障礙的癥結所在。前述的交錯式與曖昧式溝通，常會降低溝通的效能，同時也會損害人際關係。因此，找出吾人可能出現之交錯或曖昧式溝通，是減少和最終消除兩人溝通障礙的首要工作。

第三節　結構的兩人溝通

一、結構的兩人溝通之性質

最常見之結構的兩人溝通，應屬刻意安排的會談（interview）。這種會談有時稱為面談。會談的形式極多，其常見之目標或可發揮的功能，諸如獲取資訊、提供資訊、說服、解決問題、諮商、求職或僱用、接受申訴、檢討績效、糾正或申誡、評量對壓力的反應等。由於它是結構化的，因此舉凡會談的目的、對象、時間、地點、欲談論的問題等，皆須要預作安排與準備。不過同為結構化的會談，其結構化的程度，也會有所差別。例如，我們若依談論的問題是否能加以變動再做區別，則又可將會談分成下列兩種：

  ㈠標準化會談（standardized interview）：係使用一組備好的問題，
   不允許訪問者在訪問時有所偏離。

  ㈡非標準化會談（unstandardized interview）：允許訪問者與受訪者
   在對談的問題上有相當之彈性幅度。

二、會談的結構

在結構化的兩人溝通中，其會談的實施多須遵循下列的過程：

㈠開場（the opening）：欲有效開始會談，下列的作法應值得參考：

　1.簡要摘述會談的問題或目的。

　2.說明你如何得知問題或狀況。

　3.把你希望的結果說出來。

　4.試著讓對方感覺到他的協助、意見、或建議是需要的。

　5.告訴對方你瞭解他的處境。

　6.回顧狀況的背景或原因。

　7.提到你所代表的人物、組織、產品、或觀點。

　8.設定會談約略的時間限制。

㈡主體（the body）：在對話中下列的問題類型或有助於會談的進行：

　1.封閉性問題（the closed question）：問題較具體，通常要求較短、更直接的答案。如「你是民進黨，國民黨，或都不是？」

　2.直接的問題（the direct question）：如「你以甚麼謀生？」

　3.兩極的問題（the bipolar question）：如「你曾選過日文課嗎？」

　4.開放性問題（the open question）：對被問者答問的長度不加限制。如「你覺得景氣如何？」

　5.引導性問題（the leading question）：如「我對你提到員工福利的事有興趣，你有興趣聽聽我們公司所提供的福利措施嗎？」

6. 有涵義的問題（the loaded question）：以暗示可欲的答案之方式發問。如「你不認為參加教師會的教師，對我們孩子的教育品質會有不利的影響嗎？」

7. 探究性問題（the probing question）：鼓勵被問者闡釋其已表達者。如「真有意思，為何你覺得那樣？」

8. 答案明顯的問題（the obvious answer question）：問題的遣詞用字已暗示被期待的反應為何。

㈢結束（the closing）：欲將會談自然合宜地加以結束，下列的作法或可參考：

1. 簡明摘要已決定的重點，並問對方是否尚有其他問題或意見，接著說「非常謝謝你的時間」，然後迅速離去。

2. 採取如下的說辭：「我想還有其他若干領域我們會有興趣，或許我們稍後可以再討論。」

3. 看看表並且說「我很抱歉——跟你談得很愉快，但另一個約會我快遲到了。」

4. 不再有眼光的接觸。

5. 其他肢體語言的運用。

此外，結構的兩人溝通若以訪問面談的形式進行，同樣應包括開場、主體、與結束三部分。而訪談者在每一部分皆有其明確的職責。開始面談時，訪談者應注意下列三項基本責任：

㈠向受訪者介紹面談的目標。

㈡與受訪者建立友好關係。

㈢激勵受訪者回答問題。

一般而言，面談的主體花的時間最多，吾人應善加規劃，以產生最好的結果。規劃面談時第一步要做的是決定話題；其次訪談者須決定問題提出的實際順序。在規劃問題順序時，漏斗順序法（funnel se-

quence）似相當有用；所謂漏斗順序法，是從廣泛的問題先開始，再逐漸使問題變得更明確具體。此外，在溝通互動時，尤應避免不當解答的情形；不當解答的類型約有下列幾方面：

　　㈠沒有答案（no answer）。

　　㈡部分答案（partial answer）。

　　㈢無關的答案（irrelevant answer）。

　　㈣不正確的答案（inaccurate answer）。

　　㈤措詞過分冗長的答案（overvarbalized answer）。

　　最後在面談結束時，做適當的摘要或做已討論的要點之回顧，也是十分必要的作法。

三、會談的基本技術

　　兩人的溝通如欲順利成功，則參與會談者對人及對所獲取的資訊皆表現積極、真誠、接納的態度，是十分重要的。凡事豫則立，不豫則廢。吾人在會談的事前準備若能對會談情境及參與會談者先作瞭解，必有助於會談的順利進行。茲分別說明於下：

　　㈠情境的分析：對會談整個狀況的因應須特別注意下列事項：

　　　1.雙方皆應瞭解會談的目的。

　　　2.會談的場所與所需設備應妥為安排。

　　　3.會談日期、時間與可能之天候狀況應妥為安排與因應。

　　　4.應注意和參與會談者建立親善關係。

　　　5.應注意如何引出所欲獲取的資訊。

　　　6.在會談當中應注意傾聽對方的談話，並以同理心來反應所聽到的話。

　　　7.試著去預料可能出現的問題：不只是有形的物理環境問題，

也包括出自無形的情緒與心理的因素。

(二)參與會談者的分析：對參與會談者瞭解越多，越有助於會談目
　標的達成。下列資料的搜集與掌握，應有助於對參與會談者的
　瞭解：

　1.參與會談者的背景、教育、與經驗狀況。

　2.參與會談者的心理特質。

　3.參與會談者的價值觀。

　4.參與會談者的自我知覺（self-perception）。

　5.參與會談者的偏見。

　6.參與會談者的動機。

　7.參與會談者對其他與會者的態度。

　8.參與會談者對會談的態度。

　9.參與會談者對所提計畫的態度。

　10.參與會談者的決策技巧。

此外，會談時詢問技巧的運用亦攸關會談的成敗。吾人在詢問問
題時，似應特別注意下列幾方面：

(一)運用適當的詞彙：詞彙的運用應與會談的目的及對方的情況適
　配。

(二)問題的範圍應配合會談的目的：所問問題的種類與範圍，應和
　所欲獲致的反應之種類與範圍相配合。

(三)注意問題的個人意涵：應提出好的問題；而好的問題之提出，
　應有助於產生下列的效果：

　1.增進彼此的關係。

　2.能回應對方已經說的或做的。

　3.能顯示會談者記得對方已經告訴過他的話。

　4.能顯示會談者表現同理心的瞭解。

5.能給予會談者自我表達和進一步闡述的機會。

6.應能使會談者感覺自在而有信心。

7.應能使會談者對會談進展與結果感覺有興趣。

第 *10* 章

人際關係的發展

第一節　人際關係概述

一、人際關係的意義

　　現代人際關係的研究，主要係由 Cooley（1956）與 Mead（1934）這兩位社會學家所推動。Cooley 與 Mead 皆強調個體只有跟他人有關係才可如一個人般地存在，而且個人的自我（self）是由與他人的互動所發展出來的。Cooley 曾提出「人鏡自我」（looking-glass self）這一膾炙人口，甚具影響力的概念。他認為我們的自我，是我們由他人對我們的反應的知覺所發展出來的。假設我們的存在是如此深深地和我們與他人的關係聯繫在一塊的話，則任何人的社會情境對其存在就極端的重要。人性基本上是具有社會性的（Mead, 1934）。整個社會正是建立在人際之間的關係。而這些關係的基礎是能瞭解他人態度的個體（individuals）。

　　在吾人的生活中人際關係極為重要，人際關係若出了問題，甚至會影響個人的健康與福祉。例如，精神分裂症主要是出自錯失的人際關係，而其治療即須透過建設性、治療性人際關係的建立。人際關係既如此重要，但如問到「人際關係是甚麼」時，的確不容易回答。人們多會用不同的角度去界定人際關係。這些不同的定義觀點常見者有以下幾種情形：

　　㈠人際關係是行為的群集（relationships as constellations of behaviors）：採取這一看法的人，會把人際關係視為等同於兩人相互依存的行為。也就是說，當兩人在一起時，人際關係就是他們所做的

所有的事情。兩個人對彼此行為的方式，即是他們的關係所在。

(二)人際關係是認知的建構（relationships as cognitive constructs）：按此一觀點，這種認知的建構在我們想到交往的對象時，就會存在於我們的心中。關係是吾人思考我們的行為之方式。人們在交往時莫不對彼此的關係充滿理想、期望、與憧憬，這些理想、期望、與憧憬就是認知建構的重要成分。而這些認知建構的成分即成為當事人用來評價對方互動行為的重要準據。

(三)人際關係是小型的文化（relationships as mini-cultures）：採用這一觀點者認為人際關係並非個人的看法，而是共同的瞭解。具有相同文化背景的人們，通常對世界都有共同的知覺，而同意去遵守共同的行為規範，以便能和諧地相處。我們也常可發現兩個十分要好的人，他們也會創造屬於他們自己的小型文化，諸如發展出共同的知覺，並創造出能令彼等得以共存的角色。

(四)人際關係是矛盾勢力的集合（relationships as collections of contra-dictory forces）：人們在相互交往時，也常感覺彼此有衝突存在。採用辯證法（dialectical approach）者會將人際關係視為係相對聲音之間的對話，各方皆在表達一種不同與矛盾的衝動。兩人皆感覺被兩種相對方向的力量所牽引，想要同時獨立與相互依存，因而導致兩人關係的時好時壞。採取此一觀點者相信，所有人際關係是由將我們拉向不同的方向之相對的辯證法（dialectics）所構成的。換言之，人際關係就是兩個人對這些相對勢力達成協議的方式。

前述的四種觀點並不相互矛盾，它們應該是可以互補的。換句話說，上述的每一種觀點，皆有其適用的時空環境或對象，它們似可代表人際關係發展在不同的時空環境或對象所呈現的各種面向。

人際關係是兩個人的事，需要兩個人共同努力才有可能營造出穩

定而可被雙方接受的關係。Trenholm & Jensen（2000）曾提出「健康的
關係」（healthy relationships）之概念，可做為吾人經營人際關係的目
標。他們認為關係欲發揮作用，當事人雙方皆需要有經營關係的能
力。Trenholm & Jensen特別提到健康的人際關係須具備下列四種特徵：

（一）在健康的人際關係中，雙方對關係的現狀與未來會有共通的看
法。

（二）在健康的人際關係中，雙方會有經協商過之清楚的規範，且那
些規範對關係本身會有助益。

（三）在健康的人際關係中，雙方會有共通之關係工作的倫理，願意
花時間與精神去經營彼此的關係。

（四）在健康的人際關係中，溝通調理（metacommunication）是受肯
定的，雙方皆願意交流彼此在溝通上的心路歷程，並以自在的
方式表達他們對雙方關係之感受與關心。

從上述健康的人際關係所表現的特徵來看，吾人似可容易感受到
所謂「健康的人際關係」應該是一種具有建設性、良好的人際關係。
具有這種關係的當事人皆有坦誠溝通的意願，且雙方皆能珍惜並努力
經營彼此的關係。

二、人際關係發展的模式

所有人際關係的發展雖不會有完全相同的過程，但有若干學者卻
企圖鎖定某些重要變項，並將之歸約勾勒成某種發展模型。以下將就
Altman & Taylor（1973）所提出的「社會穿透模式」（Social Penetration
Model）和 Knapp（1984）主張的「關係發展的階梯模式」（Staircase
Model of Relationship Development）分別加以介紹。

㈠社會穿透模式

　　社會穿透模式是由 Altman & Taylor（1973）所建構。他們從人際互動的角度，來說明人際關係的發展。他們也認為自我表露（self-disclosure）的程度和人際關係的發展息息相關。社會穿透模式認為人的自我就好似層層包裹的洋蔥一般，其內在的核心是被層層的自我所包圍，只有最外層才能被人看到。外層的部分可視為可為他人見及之「公開的自我資料」（public knowledge of self）。自我表露的作用即在剝開自我外層的部分，穿透層層的自我，以顯現屬於自我更私密的層次。

　　利用社會穿透模式去瞭解人際溝通的狀況時，我們對選作談話的主題會格外注意。這些話題涉及廣度與深度兩種性質。圖 10-1 之社會穿透模式，即顯示像洋蔥般的自我，及在自我表露的話題之廣度與深度。廣度指的是在人際溝通所談到的不同話題之數目。而深度是在任何話題中所涉及個人性資料的隱私程度。一般而言，話題的廣度似乎和關係的密切程度有關。不過話題的深度（穿透到更多個人的態度、信仰、與價值觀）則可能和喜愛或親密的感受有更密切的關係。

　　向他人表露深度穿透的自我層次，一般會令你覺得易受傷害。具有深度的自我表露在大多數的人際關係，特別是在剛開始的時候，是有風險的。此乃交淺不宜言深的道理。你的自我，特別是你的隱私自我最內在的核心，是你個人隱私最後的庇護所。將屬於你的自我高度個人性的資料表露出來，等於是在他人面前心理上的裸露。因此，要讓一個人自我表露，彼此的信賴應是重要的前提。避免傷害自我表露的人有助於培養信賴，而會提供私密的自我表露則是對信賴的肯定。在剝開「洋蔥」層層包裹的過程中，自我表露的深度與廣度都是重要的。

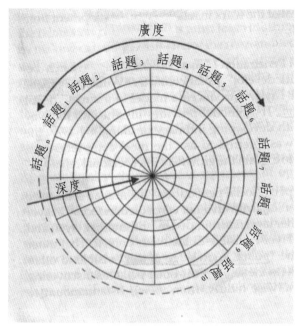

圖 10-1　社會穿透模式
（修正自 Fisher & Adams, 1994, p.280）

Altman & Taylor（1973）指出人際關係的發展包括以下四個階段：

1. 定向階段（the orientation stage）：此階段的特徵是表面「外層」
   資訊的相互交流。當事人小心翼翼地在穿透彼此的「洋蔥」。

2. 試探情感交流階段（the exploratory affective exchange stage）：在
   此一階段，雙方放鬆的氣氛與內在層次的探索增加了，而外在
   層次廣度的探索也同樣增加了。

3. 情感交流階段（the affective exchange stage）：本階段的特色是
   表露的深度明顯增加了，而評價的行為也增加了。如欲發展到
   此一階段，對行為加以激勵是必要的。

4. 穩定交流階段（the stable exchange stage）：在此一階段，當事人

彼此瞭解重要私密的資料,且也會有有效與特異的互動方式。

(二)關係發展的階梯模式

關係發展的階梯模式是由 Knapp(1984)所提出。此一模式係由 Altman & Taylor 的社會穿透模式衍生而來。Knapp 推測人際關係是以「聚」(coming together)與「離」(coming apart)平行的方式在發展。在「聚」的過程的每一個階段和「離」的過程有其相呼應的階段。從圖 10-2 關係發展的階梯模式,吾人可以發現,左側的階梯代表經由起步(initiating)、試驗(experimenting)、強化(intensifying)、融合(integrating)、到結合(bonding)階段之「聚」的過程。當人際關係變壞或仳離時,發展的過程則背道而馳,而出現如右側平行的分化(differentiating)、劃界(circumscribing)、停滯(stagnating)、規避(avoiding)、與終結(terminating)階段。例如,「聚」的過程的「起步」階段是和「離」的過程之「終結」階段相平行的;而「聚」的過程的「融合」也和「離」的過程之「劃界」階段相平行。

圖 10-2 關係發展的階梯模式
(修正自 Fisher & Adams, 1994, p.282)

Knapp 的模式採納了人際互動深度與廣度的概念，且也融入了獎勵或成本的觀點，以解釋人際關係在此一模式階梯上移動的情形。此外，Knapp 也認為我們可以從交往中兩人的對話，去分辨出雙方的關係是屬於「聚」或「離」的過程所屬的階段別。例如，若有一方說「我──我想我愛你」，而另一方回答「我也愛你」時，應屬於「聚」的過程之「強化」階段；如果有一方說「我要離開你──不必麻煩再和我連絡」，且另一方回答「不要掛心」時，則屬「離」的過程之「終結」階段。

　　此外，Fisher & Adams（1994）對人際關係之發展，也提出以下總結性的觀點：

　　㈠人際關係是以演進的方式逐漸發展與改變的。至於發展的速度則因諸多因素如鄰近性、需求、情境等的差異而不同，且發展並非線性，而是繼續發生的。

　　㈡人際關係發展的明顯階段，係由關係當事人從事交往互動的順序中所創造與反映出來的。

　　㈢人際關係會向互動特性素質的變動之方向去發展（如關係強度的起伏、親密感、信賴感、承諾等），而這種變動可能好壞兩個方向中會出現一種。

　　㈣人際溝通能力的具備，需要對關係發展的階段有一些瞭解，並對那個階段何種溝通策略會是適當的，應有敏銳的知覺（如先以公開聊天開始，嗣後才進行私下的談話）。

三、人際關係發展的相關因素

　　和人際關係發展有關的因素甚多，經由相關文獻的檢視，以下所臚列因素之重要性是較受到支持的（Swensen, 1973；Fisher & Adams,

1994；Trenholm & Jensen, 2000）。

(一)溝通（communications）

1. 當兩個人溝通時，他們的溝通會消除彼此的誤會。
2. 溝通得越多，則兩個人更有可能彼此合作。
3. 從溝通可瞭解以下三種基本的面向（dimensions）：
   (1)優勢性（dominance）：誰在控制溝通。
   (2)吸引力（attraction）：誰喜歡誰。
   (3)回應性（responsivity）：這些感受有多強烈。

(二)父母教導的重要性

1. 人們之行事像其父母，因為他們已從其雙親那兒學到如何作為。
2. 自我概念（self-concept）在與他人的互動中學到，而一個人在其發展最重要的歲月中，與之互動最重要的他人，即是其父母。
3. 一個人大部分由他知覺到父母對其之知覺，而發展出對他自己的觀念。

(三)需求（needs）

1. 人們具有與他人發展滿意的關係之需求。這種需求如成為夥伴、有人際接觸、在他人心目中是重要的等。
2. 我們具有和能接納我們的人建立關係的需求。
3. 基本上可以說「人需要人」（people need people）。

(四)自我與身分（self and identity）

1. 自我（self）係從與他人的互動發展出來。
2. 自我觀念大部分係由我們知覺到他人如何知覺我們發展而來。

3. 人際關係以需求（needs）的滿足和安全（security）的維護為其目標。

㈤吸引力

1. 吸引力一項明確的基礎是相似性。

2. 那些像我們的人，對我們會有吸引力。

3. 那些給我們好處或滿足我們需求的人，對我們會有吸引力。

㈥人際關係中的因素

1. 在兩人關係中最少有下列兩種基本的層面：

(1)統御對降服（dominance versus submission）。

(2)接納對拒絕（acceptance versus rejection）。

2. 在團體中可能會出現第三種層面，此一層面和「是否一個人幫助團體達成其目標」有關。

㈦關係的種類

1. 關係的種類可包括以下三種：

(1)對稱的（symmetrical）。

(2)補充的（complementary）。

(3)平行的（parallel）。

2. 關係的種類亦可採以下的分法：

(1)平等的。

(2)上下的。

(3)在平等與上下之間游移的。

㈧激勵

　　1. 受到獎勵的行為，會重複再出現。

　　2. 人們會被給予他們獎勵的人所吸引。

㈨常模與規範

　　1. 常模可發揮減少與他人交往互動所存在的不確定性或成本之功能。

　　2. 當雙方行為符合常模或期待時，關係就會發展得更為和諧。

　　3. 重要的是當事者雙方對「常模為何」及「怎樣才算符合常模」應有共識。

㈩相互性（reciprocity）

　　1. 吾人皆習於以其人之道還諸其人。

　　2. 人們似乎在人際關係方面有維持某種平衡或公平狀態之需要。

㈪社會性智力（social intelligence）

　　1. 對他人敏覺與和他們和諧相處的能力，是一種社會性智力的功能。

　　2. 社會性智力高者比社會性智力低者，會有更滿意的人際關係。

　　3. 自我實現者（self-actualized persons）可能是具有社會性智力者的典範。他們對現實狀況的知覺會更清楚，且他們也比較少自我實現者有更滿意的人際關係。

㈫關係的階段

　　1. 社會交流理論（social exchange theory）認為人際關係的發展可

以包括嘗試（sampling）、爭議（bargaining）、承諾（commit-ment）、及制度化（institutionalization）四階段。社會交流理論強調人們會相互交往，是因為他們可以從此種交往中獲利；換言之，如果沒有獲利，就沒有關係的存在。

2. 關係會隨著當事人需求之改變而改變。

3. 社會交流理論預測：關係如持續夠久，不管關係是怎麼開始的，它對當事人會是滿意的。

4. 遊戲理論（game theory）的研究亦指出：兩個人遊戲的時間越長，他們越會相互合作。遊戲理論主要在探討人們在衝突的情境中怎樣做決策的問題；遊戲理論的基本假定，是遊戲玩家是理性的，他在遊戲中會選擇能給予他最高回收的策略。

㈡情境

1. 人際互動所存在的情境會影響所出現的互動種類。例如，爭吵中的戀人其作為即受到爭吵事件，而非他們彼此的關係之影響。又如孩子病重的夫妻，其相互對待的方式會受孩子病痛的影響。

2. 物理的鄰近性、時間的巧合、共同活動等皆提供發展關係的機會。

四、人際關係改變的特徵

　　沒有兩個人關係的發展過程是一模一樣的。人際關係的發展有人快，有人慢，有人一帆風順，也有人起起落落。人際關係的發展雖然充滿歧異性，不過關係的發展在好與壞之間上下起伏，幾乎是典型的特徵。當溝通持續存在時，人際關係也經常在發展與改變。換句話

說,這種發展性的改變是所有人際關係與溝通先天與無可迴避的事實。因此,在人際關係的發展上,改變是一種常態(Fisher & Adams, 1994)。人際關係某一方面的改變,會影響整體關係的發展。Conville(1983)指出人際關係的改變,不管是成長或衰微,皆存在以下四種典型的特徵:

㈠改變是可預料的

當我們說「改變是可預料的」時,較恰當的說法應該是「改變是不可避免的」;改變將會發生;那是高度可預測的。人際關係的任何改變,也會導致每一當事人對關係評價與行為的改變。例如,一對新婚夫妻吵過一架後,關係當然是不一樣了;他們對彼此關係的評價固然產生變化,嗣後相互對待的方式,也可能會有一些調整。

㈡改變是獨特的

人際關係的發展對不同的人,在不同的時間,都會有不一樣的變化。由於關係的變化是獨特的,因此沒有人能擁有確切的技巧可以適當處理所發生的變化。一旦發生關係上的變化,當事人都得為此而掙扎,因為單靠過去的經驗以應付新的關係之變化往往是不夠的。

㈢改變的發生是隱諱的

人際關係發展的變化往往是間接迂迴、隱諱不明,而可能讓當局者迷的。當關係出現變化時,當事人可能知道某些改變正在發生,不過他們受到關係中須直接面對的枝枝節節所羈絆,以致他們往往變得一籌莫展。只有在改變已經發生之後,經由反省,他們方能瞭解改變的性質,以及改變對個人及彼等關係之影響。

㈣改變涉及安全的交換

　　人際關係的變化常牽涉到「安全」（security）的交換問題。人際關係的變化常是有「得」，也有「失」。事實上，所謂「安全」就是「得」，而「失」就是「風險」（risk）。安全也可以說是人際溝通中風險的報償。人們的交往互動在冒某種風險（如表露自我而公開自己的隱私）之前，經常會評估可能在安全上的報償（如對方也跟著表露自我、雙方關係進一步提升等）為何。

　　在人際關係發展的任何階段，當事人他們都有一套這樣的安全項目。如果關係發生變化（不管是變好或變壞），則當事人須放棄他們已定的安全項目，而採用另一套安全項目。人際關係的改變多會帶來壓力，而令當事人為新的關係而掙扎。因此，如何衡量人際關係變化所產生的得與失、安全與風險，是人們交往互動必須面對與抉擇的課題。

第二節　友誼關係的發展

一、友誼關係的性質

　　友誼（friendship）是一種獨特的人際關係。相對於大多數的其他人際關係，友誼具有自願與自發性。家庭成員的關係是以血緣或法定的程序為基礎，而左鄰右舍和同事的關係，則出於彼此的鄰近性。朋友的結合卻是自動自發的，這種關係的建立，也不必像婚姻關係一樣需要任何法定或宗教的儀式，且其關係的始終與存續也不受社會和法

律的規範。正由於友誼關係的這種特性，使其發展可能別具挑戰與激勵性。當人們彼此自願交往成為朋友時，他們對友誼關係可能會有所期待。儘管由於不同的性別、種族、社經地位、與年齡對友誼關係的經驗和表達可能出現差異，但下列這五種對友誼關係的期待似具有共通性（Wood, 2002）。

(一)願意從事關係的投資：友誼是需要彼此去經營與投資的。友誼關係的投資，可能涉及時間、金錢、精神、氣力等的投入。

(二)情感的密切性：我們都想和朋友發展出密切的關係。吾人莫不希望朋友能瞭解我們的內心世界，而我們也能明白他們的所思所想與所感。具有密切關係的友誼，彼此有相愛，也關心彼此的福祉。通常親密關係的建立與表達可以透過溝通，也可以透過身體力行的作為。因此，「愛要說出來」與「愛要願意犧牲一切」這兩句名言，似乎有點兒道理。

(三)願意彼此接納：我們希望朋友能接受與喜愛我們所擁有的一切，不管是優點或缺點。真正的朋友是可以彼此坦白表達自己，不管是正面或負面的感受，也不畏懼受到對方的拒絕。

(四)相互信賴：關係密切的友誼，需要的是朋友彼此之間相互的信賴。所謂信賴包括對別人的可靠性有信心，並且也相信他們會關心我們的福祉。信賴跟大多數友誼關係的其他特性一樣是逐步發展，而有程度之分的。當發展出高度信賴時，朋友彼此之間較少會感到不確定性與沒有安全感。朋友之間所發展出來的信賴水準為何，往往受到下列因素的影響：

  1.個人早期成長經驗的影響：一直在關愛氣氛下成長的孩子，信賴他人並非難事。自小缺乏關愛的孩子，信賴他人的能力就相對不足。

  2.家庭的教養經驗會影響我們信賴他人的程度與難易：有些人

自小即被教導人都是好的，我們應相信他們；但也有人自小
就學到人是不可信任的。

3.家庭的生活經驗會影響對朋友重要性的認知：父母交友的狀
況，如朋友多少、滿意程度、來往頻率、相處時間、對朋友
的評價等，皆在在讓孩子耳濡目染，感受到友誼的重要性為
何。

4.承擔風險的意願也會影響朋友之間的相互信賴：有意願承擔
信賴朋友的風險會令人覺得義氣感人，交友過度謹慎，又令
人覺得防衛多疑。

㈤相互支持：朋友之間的相互支持，可說是對友誼的基本期待。
我們都希望在個人有危機或壓力時，朋友能提供必要的支持。
為顯示對朋友的支持，常見的有下列的方式：

1.願意聆聽朋友的困難。

2.對朋友的困難能作適切的回應。

3.讓朋友知道他們並不孤單（如我也有同樣的感覺或困難）。

4.當朋友犯錯或傷害到我們時，仍具有善意地接納他們。

5.安慰處於困境的朋友。

6.向身處困境的朋友表示我們會跟他們在一起。

二、友誼關係的發展歷程

大多數友誼關係的發展是需要時間，且是有跡可尋的。雖然某些
特殊的情況（如發生危機），有可能快速地造成密切關係的結合，但
大多數友誼關係的發展似有其一系列的歷程。Rawlins（1981）從溝通
的觀點，認為友誼關係多會遵循以下六個階段而發展。

㈠有限角色的互動階段

　　兩人的頭一次相識算是友誼關係的開端。彼此認識的場合可能是在工作場所、社團、購物中心、車站、機場、或甚至是在電腦網路的聊天室等。在此一階段，雙方的交往泰半遵循標準的社會慣例去扮演各自的角色。雙方似乎皆客氣有禮，但不會完全開放，因他們尚未準備好表露各自私密的自我。在早期的交往中，彼此的瞭解相當有限。由於雙方尚未摸索出他們應有的交往方式，因此彼此的互動會顯得靦腆尷尬，並帶有幾分不確定性。

㈡友好關係的階段

　　在本階段，我們會去注意對方在興趣或其他方面，是否有和我們共通之處。例如，對同修的一門課，我們向對方說出自己的感想，若得到對方也做分享的回應，就表示對方有交往的興趣。我們也可能和相識不久的人找機會聊天或開個玩笑，去看看對方是否願意進一步交往。雖然類似這樣友好的互動，並不惹人注目，但它們在試探發展更進一步人際關係之可能性，卻是十分有用的。

㈢進到友誼階段

　　到了這一階段，我們會開始採取積極的作為，以培養彼此的友誼。在本階段之前，我們一直遵循社會的慣例與常模，也在自然見面的場合互動。進到友誼階段後，雙方所扮演的即超乎社會的角色（social roles）了。此時，我們會藉適度的自我表白，以傳遞我們想建立個人關係的訊息。我們若與對方在自然發生的場合之外見面，也表示關係已進到友誼階段。有時為了避免尷尬，邀請見面的場合可能是相識的一夥人聚會的情況。一旦我們和對方有更為個人化的互動時，彼此就

會分享自個兒的興趣、態度、感受、價值觀等較為私密的內心世界。

㈣初期的友誼階段

當我們和對方持續地交往，並彼此欣賞對方的某些特質時，我們會開始認為彼此是朋友，或會成為朋友。此時，社會慣例與準則就變得不重要了，雙方會開始找出規範彼此互動的私有準則。因此可做為到達本階段的指標的，是雙方開始認為彼此是朋友，並能找出屬於他們自己的互動方式。

㈤穩定的友誼階段

當雙方皆確定彼此是朋友時，穩定的友誼階段就開始了。本階段的重要指標有以下兩方面：

1. 關係的持續性：穩定的友誼使雙方會有持續的互動關係，他們會將未來的交往視為理所當然。
2. 相互信賴：具有高度的相互信賴，密切的友誼關係才可能穩定。朋友能相互信賴，許多人際溝通的障礙即自然消除。由此朋友之間可以無所不談，不用隱諱，他們的友誼將更為真誠與具有個別性。彼此的交往不必帶上社會性面具，大家開誠坦蕩，完全是屬於「我和你」這種獨特之個別化的關係。這種穩定的友誼關係可能會無期限地持續，某些人的友誼關係更是終其一生。

㈥友誼的衰微階段

友誼是需要經營與投資的。當雙方或某一方不再經營與投資，則彼此的關係可能逐漸衰微。友誼關係的衰微，有時是因為家庭與事業的因素，使得彼此少有互動。當雙方交往變成例行公事時，難免因枯

燥乏味,而使得彼此的關係變差。若違反了信賴精神或雙方心照不宣的其他規範,也可能令友誼關係終止或變淡。

當友誼關係衰微後,雙方的溝通狀態也跟著產生變化。友誼關係的消褪最明顯的指標,可能是溝通質與量的減少。在溝通方面,我們會看到自我防衛、不確定性、心機等增多了,但自發性的溝通與自我表白的情形減少了,且所談的也較少屬於個人或重要的話題。

違反朋友之間的規範雖可能傷害雙方的友誼關係,但若我們認定對方的違反規範是其無從掌控的,或是無意的干犯,則我們可能會加以原諒,而繼續雙方的友誼關係。已經衰微的友誼關係若要再生,則雙方必須致力於重建相互的信賴與交情。他們必須願意透過坦誠、建設性的討論,以解開彼此的心結,方可能重建相互的信賴,而再造友誼關係。

第三節 情愛關係的發展

一、情愛關係的性質

情愛關係(romantic relationships)在當今的社會可說被認定是最親密的關係。Berscheid, Snyder & Omoto(1989)研究大學生最親密的關係狀況,發現幾乎有一半的人認定情愛關係是最親密的,有36%的人選擇友誼關係,而有14%的人則提到最親密的是與家人的關係。親密關係(intimacy)一般被認定是由兩個人透過對下列狀況的某種組合,所創造出來之一種獨特的結合:

㈠高度相互依存的行動。

㈡相互間個別化的規範。

㈢私下的自我表露。

㈣被雙方視為較為情深的。

㈤具內在激勵性。

㈥關係具有不可替代性。

　　儘管前述的友誼關係和情愛關係皆屬親密關係，不過兩種關係最主要的分野，應在於當雙方關係與時俱進時，友誼關係在雙方行為的相互依存方面會保持其自願性質，但情愛關係卻會顯現有將義務與承諾帶入他們的結合之趨勢。所謂情愛，通常會包括以下三種要素（Trenholm & Jensen, 2000）：

㈠將兩人聚在一塊的事件，如幽會即是。

㈡正面內心的自我對話，如你說服自己對方是具有吸引力的。

㈢情緒的反應或激情的感受（如心跳加快、精神興奮等）。

　　上述情愛的三要素似乎缺一不可。要是缺少其中一個，則會改變對情愛的感受。有激情與吸引力，卻沒有事件的發生，只是情愛的空思幻想；有事件與激情，卻沒有吸引力，則會導致退縮迴避；有事件與吸引力，但沒有激情，則表示具有友情而非愛情。這三個要素中，最具「致命」吸引力的應該就是屬於情緒反應的激情了。包括愛在內的任何情緒反應，皆會包含生理的激動（physiological arousal），以及諸如愛、恨、恐懼之類的認知標記（cognitive label）。生理的激動屬於人體的反射行為，人們常難加以控制；至於認知標記的產生則深受當事人所處文化與社會環境的影響。

二、情愛關係的發展歷程

　　情愛關係的發展和友誼關係有諸多相同的歷程，且在諸如信賴、

坦白與抑制、自主與親密往來等議題上，兩者也同樣須要面對與處理。Knapp（1984）所提的「關係發展的階梯模式」常被用來說明情愛關係的發展歷程。在Knapp的模式中，讓兩個人能「作夥」聚在一塊兒的過程，通常會經歷下列五個階段：

(一)起步階段

此一階段和友誼關係發展的有限角色的互動階段相似。雙方的交流大部分屬於打招呼與因環境需要所做其他種類的接觸活動。例如，開學第一天或上班第一天常讓我們有許多機會啟動人際關係。彼此的相互瞭解在本階段尚相當有限。當事人會注意到對方是否具有吸引力，並會就此做初步的判斷。

(二)試驗階段

雙方初步接觸的關係若能倖存，當事人即會繼續採用標準的互動客套以進行閒聊。透過閒聊與其他慣例性的互動常可使當事人呈現意欲的自我形象（self-image），形成對他人的印象，並鎖定彼此的相似處，以便能進一步試探。彼此互動交往的彬彬有禮似為本階段的常態。在試驗階段，當事人常運用的策略有下列幾種：

1. 第一次約會的出現：過去男女交往，男性主動約會似較常見，但時至今日，若女性主動邀約，人們也多視為平常。此與男女平權觀念逐漸深入人心應不無關聯。

2. 會以調情的方式來試探雙方關係的潛力：不過吾人須知調情的行為似極易被誤解，並可能成為雙方關係的問題。

3. 採用尋求緣分的策略（affinity-seeking strategies）：使用此一方式以彰顯自己的優點，並促進對方對自己的喜愛。這一策略和當事人的溝通能力可謂息息相關。透過此一策略的運用，我們也

可間接得知對方有多喜歡我們，並瞭解我們是否應將雙方的關係推向強化階段。

㈢強化階段

大多數的人際關係並不會超越起步與試驗階段。成為密友對彼此而言，正是開啟他們交往關係一個新的強化動力。在此一階段常可見到雙方在以下語言溝通型態的變化：

1. 非正式談吐形式的增加。

2. 增加使用諸如「我們」這樣的代名詞。

3. 私有語言符號和簡稱的創造。

不過前述語言溝通型態的變化並非一夕之間發生的，當事人雙方都會對此有一段「測試」過程。許多尋求緣分的策略仍會運用於本階段。一般而言，奢談彼此關係的狀態多被視為一種禁忌，因此人們多會採取較間接而不著痕跡的測試方式。在雙方關係具有情愛的潛力時，當事人很顯然最常倚賴下列四種測試方式：

1. 間接提議（indirect suggestions）：採取諸如玩笑式地以較嚴肅的用語提到彼此的關係與調情。藉此讓提議者有機會去瞭解對方的反應。要是對方以玩笑視之，則事情可能將維持在較表面的層次。

2. 分手測試（separation tests）：會採用像是短期或長時間不和對方見面的作法，藉此看看對方是否會再連絡或想念我們。

3. 容忍測試（endurance tests）：利用增加雙方關係成本，以瞭解是否對方願意維持關係。

4. 三角測試（triangle tests）：運用和第三者外出，以測試對方是否妒忌；或者提到你認為對方會有興趣瞭解的第三者，而看對方的反應。

整體而言，在關係強化的階段，當事人雙方在表現下列互動行為的傾向似更加明顯：

1. 當事人談論與協商關係的議題。
2. 對更嚴肅的關係做直接的請求。
3. 透過較非正式的接觸，以表示愛意。
4. 用語言表達愛意。
5. 增加性的親密關係。

通常對雙方關係較在乎者，會採用多種策略，並配合增加接觸或給予好處，以用心經營這種關係。

㈣融合階段

在本階段，當事人雙方會開始打點彼此的日常生活。彼此的相互依賴性變得越來越明顯。就如友誼關係一樣，在本階段會出現共同建構的觀點，在做計畫時會想到對方，且社交圈也開始重疊。當事人雙方顯示融入關係的作法尚可能出現下列的情況：

1. 雙方一起購物，而所購者成為共同的財物。
2. 改變自己的某些習慣，以便能和對方有更多相處的時間。
3. 藉關係的象徵（relational symbols）以顯示彼此的關係。Baxter（1987）曾指出下列五種常被當事人用來和關係身分（relational identity）相提並論之象徵：

   (1)行動象徵（behavioral action symbols）：雙方經常獨用的交往慣例、遊戲、暱稱、內幕笑話等。

   (2)事件或時刻：如提到第一次約會、初吻、對雙方皆別具意義的假期等。

   (3)物件：如在關係的發展代表重要進展的禮物。

   (4)具象徵性的地方：指在關係的發展具有特殊意義的地方。

(5)具象徵性的文化作品：如雙方視為他們所有的歌曲、書籍、影帶、藝術創作等。

　　上述的這些關係的象徵常被用來作為關係融入的方式，以顯示彼此關係的排他性、與外在世界的隔絕、共同參與活動，及在發展親密關係。

　　兩個分離個體生活的融合並不容易。其過程會充滿難題，而大多數雙方的關係必須忍受許多衝突，才能將關係存續至此。也許有許多人會發現彼此的差異實在太大，而無意進一步發展關係。因此，有些人會選擇結束關係，或給雙方更大的獨立性，並減少他們相互涉入的強度。對於那些繼續向前走的人，雙方衝突之事似不可等閒視之。成功處理雙方的衝突，常可增進雙方對彼此有更多的瞭解和對關係的承諾。

㈤結合階段

　　一旦兩個人的生活交結聯繫在一起以獲致相互的滿足時，私下的承諾常常就正式定形了。結合階段是真的讓兩個人的關係制度化的階段。在某一個時間點上，雙方會就他們對彼此的承諾程度作慎重其事的討論。兩個人談出他們想要的，他們所認為的，以及他們對彼此所希望的。儘管結婚、一起買房子、或立下某些其他公開的承諾會穩固彼此的結合，並使雙方的結合公開化，不過在結婚之前雙方能有慎重其事的討論並有所協議，仍然是十分重要的。雙方關係的發展到了結合階段仍不會停下來。在本階段且常有一段蜜月期，兩個人之間的情牽心繫，可謂與日月同在，但這一段時間極少維持很久。然而，蜜月期的天長地久終就是每一個人的希望。

　　此外，在Knapp的模式中，兩個人的關係如果生變，雙方由結合走向關係終結的過程，通常會經歷下列五個階段：

(一)分化階段

在當事人雙方開始提醒對方他們是分立的個體，且在他們的關係之外，他們也關注其他的事務時，雙方關係的區分過程就出現了。區分的插曲常常是由看來平淡無害的事情所觸發。在夫妻皆就業已成普遍趨勢的當今社會，雙方似乎多有其各自的生活目標與時間壓力，若有人因此而強調其需有自主的空間，應不足為奇。本階段或許可更精確地稱為關係維持的階段，因多數的親密關係並無法避免會出現彼此有區分的時期。有許多夫妻會有重複分合的循環，像雙方從結合變成分化，又回到融合與結合等等。

(二)劃界階段

在當事人雙方開始對彼此的溝通有所侷限時，雙方關係的惡化就更為嚴重了。這種情形可能係出自於嚴重違背信賴原則，或關係素質不確定性的增加。會增加關係不確定性的因素，常見者如欺騙、人格或價值觀的改變、競爭性的關係或婚外情、背信等（Planalp & Honeycutt, 1985）。當事人雙方在本階段的交談持續的時間變得更短了，並怕碰觸到敏感的神經而僅限於安全的話題，且幾乎全然不會有任何新的自我表露。不過夫妻雙方在朋友面前可能仍會上演狀似快樂的戲碼。

在本階段許多關係的崩潰，對某一方而言，可能是內在的。例如夫妻當中有人開始懷疑對方，或發現對方在雙方關係上缺乏表現。在當事人得出其若終止關係具有正當性的結論之前，會考慮從既有關係撤退的代價，以及追求其他關係選項的利益何在。此時也可能出現雙方就關係的違規或失敗而有對質的情形。雙方可能會努力修補或和解修好，要是成功的話，會產生新的承諾或結合；要是努力不成功，則雙方可能會公開討論他們斷絕關係的意向。

㈢停滯階段

在當事人雙方皆已有彼此交談不愉快或不具生產性的預期，且他們感覺沒甚麼好談的時候，雙方關係的停滯就十分明顯了。主要基於外在好處所維繫的關係，可能會持續若干年月。在本階段，雖然雙方很少互動，不過有些人可能會從其社交圈去獲致交往關係的滿足。果如此，這就在向對方表示，關係無可避免地到盡頭了。

㈣規避階段

在本階段，夫妻雙方開始重新安排他們的生活，而避免需要面對面溝通互動。分房而睡、不同的工作班檔、嘗試分居等，皆是此一階段當事人可能的行為特徵。雙方交往互動的痛苦簡直不值得再眷戀。

㈤終結階段

在當事人雙方生理與心理脫離情愛關係之前，此一最後的互動階段主要涉及雙方為關係終結做準備，而所進行的談話。

第 *11* 章

小團體解決問題的溝通

第一節　小團體的溝通

一、小團體的概念

　　在吾人日常生活、工作、甚或休閒活動中，需要和某一小團體或小組人員溝通互動的機會，應該是相當多的。所謂小團體溝通（small-group communication），係指三或三人以上的團體交換語言及非語言資訊，以企圖彼此相互影響的過程。Homans（1950）曾把小團體（small group）做如下的定義：

> 　　有一些人常經一段時間彼此溝通，且彼等人數夠少，以致每一個人能跟所有的其他人溝通，並非透過他人二手傳播，而是面對面的……偶然相識的人碰巧遇到，不算是一個團體。（p.1）

　　一般而言，吾人對團體的界定，可根據下列六個規準（Shaw, 1976）：

（一）知覺：成員對其他成員有印象嗎？

（二）動機：成員資格在團體中有激勵作用嗎？

（三）目標：團體成員為某一目的而一起合作嗎？

（四）組織：每一成員有一項特定的角色嗎？（如主持人、記錄等）

（五）相依性：每一成員多多少少依賴其他成員嗎？

（六）互動性：團體夠小可以讓成員面對面溝通嗎？

有的小團體可能符合某些，但不必然符合所有上述這些標準。當然其符合的規準愈多，團體所能發揮的功能就可能愈強。大致而言，小團體似具有下列的特徵：

㈠團體中的人有意從事彼此的溝通。

㈡小團體涉及面對面的互動。

㈢小團體通常包含從兩或三人至十五或二十人不等，且以共同的興趣相結合。

㈣小團體通常經歷一段時間的溝通。

二、*團體的類型*

吾人若就團體成員的特性或需求加以區分，則大致可分成下列幾種團體的類型：

㈠原發團體（primary groups）：家庭是第一個原發團體；入學後，同儕團體（peer group）或童年友伴，又是另一種原發團體。

㈡偶發或社會團體（casual or social group）：此類團體多屬為交換意見、互動的樂趣、同伴的溫馨，而非為解決特定問題而存在，如同班同學、鄰居、工作夥伴、在聚會、咖啡廳中之社交團體皆屬之。

㈢學習或教育團體（learning or educational group）：此類團體係以學習為其共同目標。研討會或課堂上常會有討論的互動，稱研討會或班級為學習或教育團體應無庸置疑。

㈣工作團體（work group）：即就業所加入的團體。

㈤治療團體（therapy group）：此類團體的目的，只是在作為協助個別成員解決其問題，並滿足彼等的需求之工具。在此類團體中，成員聚在一起學習瞭解自己與改善他們的人際關係。治療

團體通常又可再分成心理治療團體（psychotherapeutic group）和會合團體（encounter group）。

㈥任務團體（task group）：此類團體的組成有其特定的目的。它是「兩個或更多的人彼此交談，以獲致相互滿意的瞭解或對問題的解決。」（Brilhart, 1967, p.2）任務團體通常以委員會（committee）的型態而組成，以完成諸如調查、評鑑、解決問題之任務。

在上述團體的類型中，最具「解決問題取向」的，應屬任務團體。而任務團體最常見的運作形式有下列數種：

㈠圓桌討論（round-table discussion）：團體成員圍桌而坐從事討論，並沒有聽眾在場。

㈡小組討論（panel discussion）：這種小組通常由三至十二名代表不同觀點的專家所組成，並由一位主持人（moderator）引導；主持人的責任在協助討論的順利進行，但自己並不提供意見。小組討論係在觀眾面前進行，以告知或說服大眾為目的，不過並不允許觀眾參與討論。

㈢專題討論（symposium）：專題討論也是一種公開的討論團體。它是由許多代表不同觀點，或正在探討之主題或問題的不同面向之演講者，對觀眾先做簡要說明，然後再由專題討論的參與者進行討論。

㈣公開訪談（public interview）：訪談者扮演觀眾代表的角色，跟演講者在台上出現，並提問觀眾想要問的問題。

三、團體的結構

團體的結構指的是團體內在成員的組織狀態；它涉及成員的人

數、溝通互動的型態、以及攸關團體發展與興衰的領導者領導能力之議題。茲分別就團體規模、溝通網絡、及領導能力,分別加以敘述如下:

㈠團體規模

當團體規模擴大時,每一成員的滿意度會降低。同時,團體規模過大時,可能會形成許多次級團體。這些派系(次級團體)的意見可能出現兩極化,而使成員面對問題無所適從。因而,團體規模在五至七名成員之間,對解決問題應是比較有利的。

㈡溝通網絡

溝通網絡指的是人際互動的型態。最集權的溝通網絡,可以提供最有組織與最快速的作為;此一溝通網絡雖能有效運用時間,卻可能降低團體的凝聚力與創意,且過度依賴其領導人。至於最不集權的溝通網絡,是最沒有組織、不穩定、以及在解決問題時也最沒有效率,不過卻可提供其個別成員最大的滿足感。集權的溝通網絡在解決簡單的問題時較有效率;而分權的溝通網絡則在處理較複雜的問題時更具優勢。

㈢領導能力

領導人應具的特質,包括自信、聰明、適應良好、對他人的意見感受敏銳、勇於表達、具有卓見並能清楚表達、關心團體成員、肯犧牲、能營造團體的凝聚力。具有領導能力者所表現的功能有下列兩種:

1. 任務功能(task functions):任務功能係協助團體達成其目標的活動。這些活動可能包括向其他成員提供與徵詢建議、意見與資訊;其他的任務功能尚包括指引團體最好如何繼續前進、澄

清他人的發言、及總結團體的進步情形。

2.照顧功能（consideration functions）：照顧功能與士氣有關。它們包括改善團體的氣氛或增進個別成員滿意度的任何活動，如表示同意、支持、或鼓勵。此外，一個成功的領導者應能為其成員從事看門的工作（即允許成員無顧忌地發言）。

總之，領導能力係由許多可以學到的行為所組成，它對組織氣氛的營造與團體解決問題功能的發揮，應該是相當關鍵的因素，值得吾人加以注意。

四、小團體溝通之性質

以小團體的型態在從事決策時，跟個人在解決問題是不一樣的，因為在團體的場合人際關係的因素是會有一些作用的。有時團體在處理問題時，人際關係的干擾往往造成決策的障礙。這類的問題包括需要讓別人明白你的看法、衝突的處理、不同意見的斡旋等。因而在任何團體討論中，其成員將須同時處理團體任務（task）與人際關係的問題。換句話說，為處理這兩方面的問題，團體中的成員將表現出社會情緒（socioemotional）與任務方面的溝通行為。其中任務方面的溝通行為在解決問題；而社會情緒方面的溝通行為則致力於團體的維護與人際關係的促進。團體的效能似乎要看這兩方面的溝通是否能取得平衡而定。對這兩方面的因素若注意不夠會導致成員的不滿與決策的粗糙。有時為了滿足成員之社會情緒的需求也有可能會減損任務工作的品質。

小團體的溝通可以視為包括「輸入」（inputs）、「內在過程」（internal processes）、及「輸出」（outputs）的一種系統。在從事決策時，「輸入」包括資訊、團體資源、及任務特性；「內在過程」包

人際溝通

括團體互動與決策的形成；而「輸出」則包含已完成的任務和決策。

　　至於團體的運作則會受到以下三方面變數的影響（Littlejohn, 1999）：

（一）目標任務特性（objective task characteristics）：它是指任務的標準屬性，如問題伴隨已定解決方案的程度、問題的明確性、所需專業的種類、問題影響的範圍、隱含於問題的價值觀之性質與數量、及解決方案是否只是一次的行動或將會有廣泛的政策涵義。

（二）團體任務特性（group task characteristics）：它們包括團體對問題過去所經驗的程度、相對於採用標準的行動過程而需要某一創新解決方案的程度、及決策的迫切性。

（三）團體結構特性（group structural characteristics）：它們包括凝聚力、權力分配、衝突的歷史、及團體規模。

　　以上三方面的因素，將會影響團體用以解決問題的過程，包括溝通互動及決策的方式、工作任務的安排、各種活動時間的分配等。

第二節　團體動力

一、團體動力的來源

　　有些小團體在處理問題時，常見費時冗長卻成效不彰，吾人有必要去瞭解團體成員可能是如何互動的。團體的動力，常見來自於順從性、社會影響、團體解決問題的素質、及凝聚力等方面，茲分別說明於後：

第十一章　小團體解決問題的溝通

㈠順從性

團體的意見常對個人的判斷產生有力的影響。在小團體中，社會的影響甚至比在兩人溝通中更為有力。我們常可發現團體成員有私下接納（private acceptance）或公開依從（public compliance）的情形。私下接納是一個人在聽到不同於己的意見後改變他自己的想法。公開依從則是嘴巴說贊同團體的觀點，而事實上卻不同意。而私下接納（private acceptance）在以下情況中更可能發生（Cartwright and Zander, 1968）：

1. 個人十分珍惜團體成員的資格。
2. 意見係無異議地與其相左。
3. 議題在討論之初係模稜兩可的。
4. 團體在壓力下去達成某一重要目標。

至於公開依從（public compliance）則通常起源於欲避免衝突的不愉快。許多研究指出順從者多有下列的情形（Hare, 1962）：

1. 較順從或依賴。
2. 對社會認可有高的需求，而表現傑出的需求則低。
3. 女性常多於男性。
4. 缺乏自信。

㈡社會影響

我們常可發現團體中存在某些無形的力量，在影響團體的發展。其中特別值得注意的有下列兩方面：

1. 社會力量：這種力量乃出自團體中的個人如何表現其行為。常
   見的社會力量有下列幾方面：
   (1)團體常模（group norms）：常模代表的乃是行為的典範（cod-

es），它在規約成員所有的互動風格。諸如規則、語言、服飾、禮儀等之運用，皆可顯示其團體之常模。

(2)團體成見（group prejudices）：團體可能會強化其成員之間價值與觀念的相似性，而認為彼等和非成員不同。

(3)團體保守性（group conservatism）：此乃團體接受變革的遲緩性。

(4)團體決策模式（group decision patterns）：團體為解決問題多會遵循特定的討論與決策模式。

(5)團體討論模式（group discussion patterns）：團體討論模式對其成員的互動、參與、及滿足感有密切的關係。

2.心理力量：心理力量對參與團體的個人發生影響的有下列四方面：

(1)和其他團體成員形成結合的力量。

(2)順從團體思想的力量。

(3)認同團體目標的力量。

(4)順從角色與身分期待的力量。

此外，團體對於新鮮人多會施予最大的壓力使之就範，且凝聚力高的團體多會施予強大的使之順從的壓力。Festinger（1954）的社會比較理論（social comparison theory）可用來解釋何以吾人會對社會壓力讓步。Festinger（1954）認為所有的人皆有評價其本身意見與能力的需求，當他們無法以客觀的非社會性方式這樣做時，則他們會拿其他人的情況和自己的做比較。在缺乏客觀的效標時，人們會依賴他人的意見以確定本身意見的效度。

(三)團體解決問題的素質

經由團體的討論，其目的當然是在解決問題或做出結論。團體討

論的結果，一般而言有增進人們接受風險的意願之趨勢，而這種趨勢稱為風險轉移現象（the risky shift phenomenon）。對於風險轉移現象的解釋，有以下幾方面：

1. 在團體之中沒有成員感覺須完全為決策負責。
2. 那些偏好風險立場者比那些保守者更具說服力，他們因而影響其他人也偏好較具風險的決策。
3. 西方文化對於承受風險的肯定多甚於保守行為。

　　為發揮團體討論的效能，腦力激盪技術的訓練似受到許多人所推崇。特別是一個具有凝聚力的團體，當其成員有過腦力激盪技術的訓練後，似有助於其問題解決成效的提升。至於腦力激盪的效果則視下列幾個變項之情況而定（Kelley & Thibaut, 1969）：

1. 團體成員的關係。
2. 要解決的問題之性質。
3. 團體所具有的領導風格。

　　一個團體若在解決問題的績效良好，其成員接受風險的意願應該相對較高。因此，整體而言即可能形成一股可觀的團體動力。

㈣凝聚力

　　凝聚力（cohesiveness）指的是將成員留在團體中之整個的作用力。表現團體凝聚力的特徵如下：

1. 高忠誠度。
2. 高昂的士氣。
3. 以擁有成員身分為榮。
4. 因彼此相處而感喜樂。
5. 對有困難的成員會彼此幫助，以對危機有良好的調適。
6. 會公開的問問題。

一個具有凝聚力的團體，其向心力應該也比較高，彼此也更能合作互助，而在面對危機時，也更可能共體時艱，一起突破難關。因此，它應該是團體動力的重要來源。

二、團體發展與動力

團體的成長與發展，是個別成員的需求和團體本身所產生的社會力所形成的結果。團體發展大致可分成下列四個階段：

㈠第一階段：團體成員打開生澀的僵局，開始建立可發揮功能的共同基礎。本階段有時稱為定向、包容、或團體形成的時期。

㈡第二階段：常見的特徵是衝突的出現。彼此客氣的階段已經過去，要完成某一項任務的壓力遲早會顯示出成員在人格、價值觀、與意見上的差異。

㈢第三階段：在第二階段所經驗到的衝突之解決。團體凝聚力開始出現，且團體整體開始更順暢地發揮功能。

㈣第四階段：是屬於具有共識與最大生產力的時期。持不同意見在本階段十分沒有地位，以致少有負面或不受喜歡的意見發表；團體士氣高昂，且團體成員會相互激勵。

在團體發展過程中，團體成員的角色扮演似與團體的興衰有密切的關係。換句話說，有怎麼樣的成員，便會形成怎麼樣的團體。由Bales（1970）所發展出來的「互動過程分析」（Interaction Process Analysis，簡稱 IPA），似有助於瞭解團體成員所扮演的角色為何。互動過程分析所包括的溝通行為之類別如圖 11-1 所示：

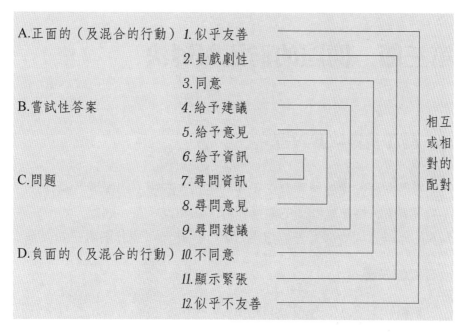

A.正面的（及混合的行動）　1.似乎友善

　　　　　　　　　　　　　　2.具戲劇性

　　　　　　　　　　　　　　3.同意

B.嘗試性答案　　　　　　　　4.給予建議

　　　　　　　　　　　　　　5.給予意見

　　　　　　　　　　　　　　6.給予資訊

C.問題　　　　　　　　　　　7.尋問資訊

　　　　　　　　　　　　　　8.尋問意見

　　　　　　　　　　　　　　9.尋問建議

D.負面的（及混合的行動）　10.不同意

　　　　　　　　　　　　　11.顯示緊張

　　　　　　　　　　　　　12.似乎不友善

相互或相對的配對

圖 11－1　互動過程分析

（修正自 Tubbs & Moss, 1978, p.262）

　　在小團體溝通互動的場合，吾人若經相當時間的觀察，應可以將其成員的溝通行為，歸屬於圖 11－1 所示的十二種溝通行為中的某一或某些類別。如某人屬於「給予建議」與「給予資訊」型；而也有人則是「不同意」型。然而，吾人須知，認定任何行為在所有情況皆是適當的，似乎是愚昧的。因此，發展某種程度的角色彈性應是必要的；而要發展角色彈性的第一步，應是增進個人對團體需求的敏感度。事實上，團體的成長與發展，端賴成員對其本身角色有適切的認知與作必要調整的能力。一個團體若能夠健全的發展，則團體在面對問題的溝通與解決時，就具有可觀的催化與激促的動力去發揮團體應有的效能。

第三節　問題的溝通與解決

一、團體領導與參與者

團體問題的溝通與解決主要靠的是人。團體中的領導者與參與者（被領導者）應該是問題的溝通與解決之關鍵所在。因此，如何成為有效的領導者與參與者，似值得吾人加以關注。茲分別說明如後：

㈠有效的領導者

團體的領導人，其領導的風格（leadership styles）常見者有下列四種：

1. 獨裁式。
2. 民主式。
3. 非指導或任意式（nondirective or permissive）。
4. 放任式（laissez-faire）。

前述的領導風格，獨裁式雖在決策與執行強調效率，但未必真有效率。放任式、非指導或任意式則可能有決策與執行遲緩，或陷於混亂之虞。至於民主式或許比較受到推崇，因其可集思廣益，對問題的溝通與解決，似更能為多數人所接受；不過要是領導人或團體成員的民主素養不足，則在問題的溝通與解決之過程，若出現紛擾的現象應不足為奇。一個有效的領導者一般咸認為其必要的能力包括下列兩方面：

1. 協助團體達成目標或任務所需之能力：領導者要能有效地帶領

團體從事討論，以達成既定的任務。

2.讓團體成為順利運作的單位所需之能力：諸如能瞭解團體成員的才能，並使之有表現的機會、凝聚團體的向心力、維持團體的士氣、促進討論的順利進行等。

㈡有效的參與者

團體欲達成目標和順利運作，團體的成員應成為有效的參與者。欲成為有效的團體成員，須具備下列兩項要素：

1.積極的態度：如參與的責任感、保持客觀性的意願、為團體的利益而在角色扮演能表現彈性等。

2.溝通的能力：如能簡潔說明自己的意見、公開表達與回應、懂得怎樣傾聽、瞭解團體討論的過程等。

在另一方面，吾人若就團體不需要成員表現的能力與態度加以分析，則以下幾方面似為團體成員應竭力避免者：

1.勸誘者（proselytizer）：只是利用討論團體以達成個人目的而非團體目標。

2.討論豬仔（discussion hog）：控制討論、儼然權威、不願傾聽、徒增團體困擾。

3.障礙者（blocker）：常是受挫的討論豬仔；自覺未得到足夠的注意，因此頑固地去挑戰每一個人的意見。

4.憤世嫉俗者（cynic）：不僅批評每一件事情，且不相信整個團體討論的過程。

5.安全追尋者（security seeker）：對自己缺乏信心，將大部分精力用於獲取認可，而非勤懇地致力於手邊的任務。

 **人際溝通**

二、溝通與解決問題的過程

　　小團體在面對問題並尋求解決的過程，事實上就是一種溝通的過程。在此一過程中難免會遭遇意想不到的困難需要克服。其次為了提升解決問題的效能，或許需要講究決策的過程與技巧。此外，為瞭解團體成員溝通與解決問題的效能，我們也有必要作適切的評估。以下茲就問題的解決可能遭遇的困難、解決問題的過程、及溝通與解決問題的效能之評估，分別再加以說明。

㈠問題的解決可能遭遇的困難

　　在小團體的討論中，觀念的發展與問題的解決過程遭遇困難時，常可能出現下列六方面相關的抱怨：

　　1.團體目標未清楚敘述或取得共識。

　　2.團體成員未提出足夠的意見。

　　3.團體在每一議題決議之前未做充分討論。

　　4.成員很少相互協助。

　　5.成員間的衝突強烈以致不具生產力。

　　6.未做結論或取得共識。

　　上述這些在問題的解決過程中可能出現的困難，是吾人在運用小團體溝通與解決問題時，應該加以避免的。而為了發揮團體溝通與解決問題的效能，瞭解與適當地掌握解決問題的適當過程，是絕對必要的。

㈡解決問題的過程

　　對問題的解決，John Dewey 曾提出膾炙人口的「反省思考法」

186

第十一章　小團體解決問題的溝通

（reflective thinking）可供參考。「反省思考法」又稱為六個步驟的問題解決法。此一方法主要包括以下六個步驟：

　　1. 界定與分析問題。

　　2. 設定解決的標準。

　　3. 提出可能的解決方案。

　　4. 評鑑解決方案。

　　5. 選擇一種解決方案。

　　6. 執行解決方案。

　　Dewey 所提出的這六個步驟的問題解決法，在解決問題過程中之每一個步驟，當然需要團體成員的溝通互動，才有可能最後獲致問題的解決。由前述的六個步驟的問題解決法，Dewey 進一步具體化地提出下列解決問題的標準討論事項（Standard Agenda）：

　　1. 問題的明確性質與限制為何？

　　2. 問題的成因與結果為何？

　　3. 對問題可接受的解決方案必須完成甚麼事情？

　　4. 我們有甚麼解決方案？

　　5. 最好的解決方案為何？

　　就實際解決問題的過程而言，吾人似乎可以再將之歸約為下列三個發展階段：

　　1. 事實的發現。

　　2. 資料與解決方案的評鑑。

　　3. 政策的規劃與執行。

　　前面所提的，應是吾人在溝通與解決問題時可以遵循的大致過程。不過我們透過團體溝通以解決問題時，可能「單一問題模式」（Single Question Form）思維方式的運用，或有助於成員將注意力集中於問題本身（Larson, 1969）。單一問題模式特別強調以下的議題：

1. 甚麼樣的單一問題，其答案是整個團體須要知道以達成它的目的的？

2. 在吾人能回答我們所提的單一問題之前，甚麼樣的次級問題必須加以解答？

3. 我們有足夠的資訊有信心地回答這些次級問題嗎？（如果是的話，回答它們；如果不是，繼續回答以下的問題）

4. 這些次級問題最合理的答案為何？

5. 假設我們對這些次級問題的答案是正確的，則對問題最好的解決方案為何？

此外，為瞭解逐步獲致理想解決方案時，吾人應掌握之討論重點，或許「理想的解決模式」（Ideal Solution Form）值得參考。在運用理想的解決模式時，應考慮以下的問題（Larson, 1969）：

1. 我們對問題的性質全都有共識嗎？

2. 就所有與問題有關的人之觀點，理想的解決方案會是甚麼？

3. 在問題中，甚麼樣的情況可以加以改變，使理想的解決方案可以達成？

4. 我們有的解決方案中，那一個最接近理想的解決方案？

在瞭解團體決策形成之過程後，最後值得注意的是最終的決策是怎麼樣「決定」的。一般而言，決策的產生有下列四種不同的類型：

1. 共識（consensus）：指所有團體成員對某一決定皆表同意。

2. 多數決（majority vote）：代表至少51%團體成員的意願。

3. 握手（handclasping）或結合（pairing）：指團體中各種少數團體成員組成聯盟，以彼此協助達成相互有利的目標。

4. 令議案急速通過（railroading）：當某一或若干團體成員將其意志加諸團體本身，即會發生令議案急速通過的情形。

不過，團體決策的形成有時也會遇到困難或陷入僵局。當團體討

論陷入僵局時，吾人似可參用下列策略以求解套：

　　*1.*個案研究法（case study method）。

　　*2.*角色扮演法（role playing）。

　　*3.*腦力激盪法（brainstorming）。

　　*4.*問題調查法（problem census）。

　　*5.*觀察者回應法（observer feedback）。

　　*6.*重述法（restatement）。

　　*7.*反省思考法（reflective thinking）。

　　最後，在團體對問題的溝通與解決有了具體的結論之後，接著便是須將解決方案付之實施。吾人如欲將解決方案付之實施，則美國海軍所發展出來的「方案評鑑與檢討技術」（Program Evaluation and Review Technique，簡稱 PERT）應有參考的價值。此項「方案評鑑與檢討技術」包括下列八個步驟：

　　*1.*決定顯示計畫完成或充分執行之結果。

　　*2.*列舉最後之結果出現前須發生的事件項目。

　　*3.*將這些事件項目按其必要、立即、或先後性排成系列。

　　*4.*以圖顯示事件項目間的關係。

　　*5.*列出在每一組事件項目間會發生的活動清單。

　　*6.*估計事件項目間的時間。

　　*7.*將時間的估計與截止時間做比較。

　　*8.*判斷在預定時間內滿意完成計畫的可能性，並在人力、時間或
　　　　資源的配置方面做必要的修正。

㈢團體效能的評估

　　在檢驗團體討論的效能方面，「玻璃魚缸討論法」（fishbowl discussion）的運用，應有助於評估團體成員的溝通行為。「玻璃魚缸討

論法」是將兩個團體的成員,安排圍坐成兩個同心圓。由內層的團體進行討論,外層的團體則就觀察所得發表評論。接著兩個團體即轉換位置,並再重複討論與評論的過程。在整個活動進行的過程當中,允許每一成員有夠長的時間不參與討論,以觀察團體中其他成員的溝通行為。為了幫助成員從事觀察,吾人可提供觀察要點以供參考。經由「玻璃魚缸討論法」,吾人將有機會瞭解團體成員的溝通互動狀況,並從而評估團體運作的效能。

三、團體衝突的處理

在團體解決問題的溝通過程當中,成員若出現彼此衝突的場面,有時似難以避免。不過,我們應讓衝突公開表達,但該針對衝擊團體的任務努力去達成。我們有時常固執地堅持自己的立場,或甚至表現得更為極端,只是要避免讓他人擁有勝利的滿足感而已。團體成員出現衝突時,吾人如欲有效妥為化解,則以下的作為或可提供參考:

㈠我們應嘗試對真正構成問題者為何這樣的定義問題建立共識。

㈡我們應探索可能有共識的領域。

㈢我們可以決定各方面成員須做何種具體的改變,以滿意地解決這個引發衝突的議題。

㈣我們不須訴諸人身攻擊,但須將衝突導向議題本身。

第 *12* 章

人際衝突

第一節　人際衝突概述

一、瞭解人際衝突的重要性

在彼此有關係的兩個人之間，只要有互動都有發生人際衝突（interpersonal conflict）的可能。事實上，人們怎樣處理他們的人際衝突，會影響彼等關係的品質、個人的發展，甚至於是否出現暴力相向的情形。因此，衝突似乎是人際關係中難以迴避的議題。瞭解人際衝突所具有之重要性，主要係出自下列的理由：

㈠人際衝突是個人發展中的重要問題：衝突幾乎是目前每一種主要的人類發展理論必定會探討的議題。事實上，我們也可以從人際衝突中，瞭解他人的感受與意向、指引行為之社會慣例與規範、有效的溝通方式、雙方關係的狀態等。這些瞭解對促進個人的成長與發展，應有正面的意義。

㈡衝突處理的方式會反映人際關係的狀態：當事人雙方既有人際關係的狀況，往往會影響他們對彼此衝突的反應。例如，感情甚篤的兩個人，如遇意見不合，他們可能採取諸如合作協商、不讓怒氣升高成攻擊、勇敢面對而不把退縮視為可行的處理策略、避免出現破壞性的行為等積極的互動方式。

㈢關係當事人需要妥善處理衝突以避免不良的後果：人際衝突往往導致當事人身心俱創。建設性處理雙方的衝突，將可減少或避免這類的傷害。能妥善處理雙方衝突的父母，也比較不容易出現冷落或虐待子女的情形。

㈣人際衝突存在的普遍性值得持續的關注：人際關係先天存在衝突的可能。從跟衝突過程有關，人們所表現的心理、溝通、與社會特性，吾人將有機會對人們及他們如何彼此交往有更好的瞭解。而要瞭解身為社會與關係參與者的人類，我們就需要瞭解衝突的原因、溝通、及其結果。

二、人際衝突的意義

　　各種衝突的定義似整體呈現一種超現實的意象，徒然對這個主題引發神秘而非確定感。在實徵性的文獻中常被用來描述人際衝突的如不合、妨礙、爭論、緊張、防衛性的溝通、焦慮緊張與情緒化、敵對、負面的人際表達、語言和非語言訊息間的矛盾等。像這樣對衝突的定義涵蓋過廣的結果，徒然使其概念益形曖昧。此外，衝突定義的變異也會使得跨研究間的比較不只不易進行，且可能造成誤導。因此，要找到一個精確且符合所有目的之人際衝突的定義誠非易事（Canary, Cupach & Messman, 1995）。

　　Wood（2002）曾將人際衝突定義為：「它存在於相互依賴的人們表達不同的觀點、興趣、或目標，並視其觀點為不一致或相反的。」（p.301）在此一定義中，值得吾人注意的有以下幾個部分：

㈠人際衝突在表達爭執、掙扎、或不合：要是我們看不到爭執或忿怒，或者要是我們完全加以抑制，以致它沒有被直接或間接表達出來時，就不算是衝突。所有人際衝突皆會被表達出來，其間的差別應是方式而已。有人對雙方爭執的表達是直接或公開的，如「你真把我氣壞了」。也有人係以較間接或隱諱的方式在傳遞不合的訊息，如故意不回某人的電話，因你不想跟他說話。

㈡人際衝突只會發生在相互依賴的人之間的特定領域：只要人與人之間不互相影響，他們的差異並一定要加以解決。人際衝突的發生是因為人們相互依存，且需要彼此的同意或認可。我們不同意某人的種種或給予負面的評價，並不見得會產生衝突，但要是我們跟那個人因相互依存，經由爭執的表達而彼此影響，則極可能產生衝突。然而從積極的意義看，兩個人發生衝突，正表示他們的唇齒相依，他們在乎對方，不然何苦要有衝突？

㈢人際衝突包含反對的成分：反對是彼此在目標、偏好、或抉擇之間，被視為不一致所產生的緊張。當這種緊張發生時，當事人會有兩種知覺，一種是我們所關心的和對方的格格不入；另一種則是我們和對方須調停彼此的差異。當這兩種知覺存在時，衝突也就出現了。

三、人際衝突的原理

雖然有許多人會認為人際衝突先天上都是負面的，但那是對人際衝突的誤解。事實上，人際衝突處理不好固然會產生不良的後果，但若處理得宜亦可具有正面的意義。吾人在學習如何處理人際衝突時，確須對以下之人際衝突的原理或本質應有正確的體認。

㈠人際衝突是所有人際關係中的自然過程

發生衝突是所有人際關係不可避免的常態。要是人們彼此在乎且相互影響，則雙方觀點出現不一致的情形就不可避免了。兩個人具有相互依存的關係，並不表示兩個人的需求、思想、與觀念可以劃上等號。不管有沒有關係，每一個人皆是獨特的，因此彼此的衝突摩擦，應該只是或多或少的問題。要是人際衝突一定會發生，則我們須要思

考的，倒是如何以不傷害雙方關係的方式，調解差異的問題了。此外，出現衝突並不意味雙方關係不健康或出了問題，不過當事人如何處理衝突倒是會影響彼此關係的品質。因此，有衝突乃顯示雙方關係是密切的，雙方對彼此的關係是在乎的。

(二)人際衝突可以是公開或隱蔽的

公開衝突是外顯且明白表示的。當人們以直截了當的方式處理他們的差異時，即屬公開的衝突。例如，冷靜地討論彼此的矛盾、激烈的爭論、彼此大聲咆哮、人身碰觸的攻擊等，皆是公開的衝突。隱蔽的衝突卻未被認知到。當人們彼此觀念不合時，他們係以間接的方式在表達他們的感受。他們可能故意做些傷害對方或令對方難過的事情，以發洩內心的怒氣。隱蔽的衝突常見的尚包括以下兩種形式：

1. 消極的攻擊（passive aggression）：這是當事人採取隱藏式並加否認的攻擊行為。當事人藉此發洩怨氣，但卻否認事情是他做的。例如，唸大學的孩子很久不打電話回家，父親「忘掉」匯生活費給他即屬消極的攻擊。又如，對老板不滿的伙計，因「車子拋錨」沒辦法在銀行營業時間將錢存入，而使得老板的支票退票，也算是消極的攻擊。因此，消極的攻擊可說是處心積慮要「修理」對方，可是又不承認修理人的責任。

2. 遊戲（games）：遊戲可說是人際間極盡耍花樣之能事的互動型態。在這種互動中，真正的衝突被隱藏或否認了，且假冒的理由被設計出用來爭辯或批評對方。此外，遊戲也可能出現當事人貌合神離彼此合作的情形。

消極的攻擊與遊戲對衝突皆是無效的處理方式。兩者都是不誠實的，因為它們在虛偽的溝通背後欺瞞了真正的議題。只要衝突被隱藏或偽裝，當事人就幾乎不可能真正解決彼此的問題。

㈢人際衝突可以妥善或拙劣地處理

　　當雙方出現衝突時，我們可以學著以對我們及彼此關係有利的方式去處理。人們對衝突的反應，也可謂形形色色，從肢體動粗、語言攻擊、到深思熟慮地解決問題，都可能產生。這些反應方式或許皆有化解衝突的可能，只是得當與否和高下之別。雙方關係是要獲得增進，抑或受到割裂，就全看我們怎樣處理彼此的衝突了。一般人在處理人際衝突若顯得拙劣，多半係出在無法掌握當時所出現的強烈情緒並適當加以表達上面。因此，對自我的情緒能有敏銳感受，並運用得體的溝通技巧，對化解衝突並增進雙方關係，或有旋乾轉坤的可能。

㈣人際衝突對個人及雙方的關係可以是有益的

　　人際衝突並不全然是負面的，處理得宜它也可能出現下列具建設性的結局：

1. 可以幫助個人成長：人際衝突對個人成長的幫助大致有以下的情形：

　　⑴當我們需要表達自己的想法與感受，並考慮到對方可能不留情的反應時，我們對自己的想法與感受也會有更深層的瞭解。

　　⑵當我們認識到和對方的差異所在，我們會因此強化對自我的認同。

　　⑶衝突讓我們有機會考慮到不同於我們的觀點，藉此可幫助我們瞭解何時改變我們的觀念、行為、或目標是適當的。

2. 強化雙方的關係：關係親密者之間語言的衝突，如果處理得好，也可以產生具有高度建設性且令人滿意的結果。衝突可能的好處之一，是透過彼此的討論，而有助於當事人的相互瞭解。雙方少有衝突並不必然具有健康的關係（Arnett, 1986）。

人際溝通

低度的衝突可能只在反映當事人之間情感深度的缺乏或對不合的抑制而已。爭吵較多的男女似乎也常見有較愉快的性生活（Howard & Dawes, 1976）。這也印證了歡喜冤家這句話。

第二節　人際衝突的處理

一、解決衝突的途徑

衝突既然是在人際關係中所難以迴避的，則怎樣去面對與化解，似乎是吾人應慎重思考的課題。論及解決衝突的方式，可謂人言言殊。我們對衝突的知覺會影響我們處理衝突的態度。而我們處理衝突的態度，又會進而決定我們所採取之解決衝突的取向。大多數人皆以「輸」、「贏」來看待衝突。從這種「輸」、「贏」的知覺出發，吾人似可將解決衝突的途徑大致分成「雙輸」、「我贏你輸」、「我輸你贏」、及「雙贏」四種取向，茲分別說明於下（Gordon & Sands, 1976；Wood, 2002）：

(一)雙輸取向

雙輸取向假定衝突會導致雙方皆成了輸家。在此一取向背後的信念，是認為將雙方意見不合的情形說出來，對彼此都不好；衝突並無法產生贏家或好處。例如，夫妻對怎麼用錢有不同的看法，要是覺得為錢而起衝突對彼此都是一種傷害，則乾脆就避免爭論，就是對衝突雙輸取向的做法。

要是我們一味避免衝突，其代價可能是蠻高的。我們可能須推遲

我們的需求之滿足，同時我們也未能給對方誠實的回應。因此，避免衝突並不必然可以防止不良的後果。

　　儘管採取雙輸取向以處理彼此的衝突通常不是有益的，不過有時倒是可以激起我們自我反省是否需要去彼此衝突。人際間有些問題是不值得因衝突而花費精力與引起不快的。這種一念之轉，應是對衝突的雙輸觀點所具有之正面的意義。

(二)我贏你輸取向

　　採取我贏你輸取向的人認定衝突就是一場爭戰，非贏不可。在雙方意見不合的情況下，他們多是堅持己見，毫不退讓。雙方爭執的結果只有自己的意見是對的，並不接受對方的看法，只有對方退讓，自己成為勝利者，而對方成為失敗者，爭執才會落幕。這種我贏你輸的作法，雖可使對方暫時就範，卻未必心悅誠服。自己對對方過分壓迫，則難免影響彼此之間的關係，甚且引發對方更大的抗拒。我贏你輸取向若用在對方和我們交情不深或無意特別關照對方時，如商場的討價還價，則無可厚非。

(三)我輸你贏取向

　　我輸你贏是在人際衝突時，處處屈從放任對方，自己成為失敗者，而對方成為勝利者。我輸你贏的結果，將是對自我的貶損，對方也未必會給予尊重，似無助於雙方關係的發展。我輸你贏或許可使雙方的爭執暫時平息，而不致讓衝突增溫；它雖非最好的處理衝突之道，卻也有些許正面的意義。

(四)雙贏取向

　　採取雙贏觀點的人以為總有解決彼此歧見的方法，而可以讓雙方

都成贏家,沒有任何一方成為失敗者。他們會努力去尋求雙方皆能接受的衝突解決之道。若雙方皆具有這樣的使命感,就屬於雙贏取向了。

運用雙贏取向的思維於衝突的解決時,也可以稱為民主式解決問題的策略。此一解決問題的策略,可參考本書第十一章所提Dewey的六個步驟問題解決法。透過這種處理方式,當事人雙方可能發現可以讓雙方接受,而從來不曾想過的解決方案。因此,雙贏取向的思維,多須跳脫各自原有思考的框架與泥淖,而另闢蹊徑。果如此,則自然柳暗花明,出現雙贏的曙光。雙贏的態度有助於導致雙方的和解與妥協,實質打開彼此衝突的僵局,以充分滿足各人的需求,並肯定且保障雙方關係於不墜,應是最被推崇的解決衝突之途徑。

跟前述四種解決衝突的取向相關的,是人們對衝突的反應。這些反應的性質,大致會出現如圖 12-1 的情形。從圖中所顯示的我們可以瞭解,吾人對衝突所做的反應,概與主動性或被動性,以及建設性或破壞性有關。我們若將這些相關因素考慮進去,則可以把人們對衝突的反應分成退出、忽視、忠貞、及發聲四種,茲分別說明於下:

㈠退出的反應

退出的反應所表現出來的,乃是用實際的出走或心理上的退隱,來脫離關係。不願去談某一個問題,就是心理上的退隱;寧願終止雙方的關係,而不去處理衝突的問題,即是實質的出走。其他如「一走了之」、「不聞不問」也皆屬典型之退出的反應。由於退出的反應並不針對問題說清楚講明白,因此其多具有破壞性;也因為它是避免衝突強而有力的一種方式,因而它是具有主動性的。

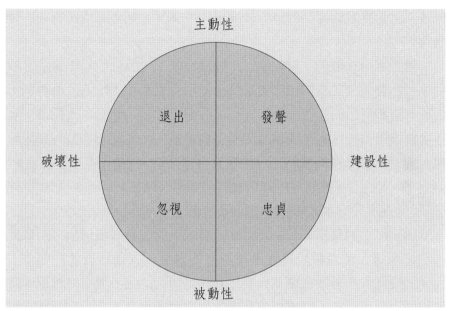

圖 12-1　對衝突之反應

（修正自 Wood, 2002, p.313）

退出的反應和前面提及對衝突的「雙輸」、「我贏你輸」、及「我輸你贏」之取向有關。在任何當事人視遇到衝突即為輸家時，就有可能以退出而了斷雙方的關係。

（二）**忽視的反應**

當一個人否認或輕視問題、意見不合、氣憤、緊張等會導致公開衝突的事情時，即屬忽視的反應。如本來是意見不合，卻公開宣稱沒有不合，或請別人不要無事生非或小題大作，皆屬忽視的反應。由於忽視的反應無助於緊張的解除，因此通常是具有破壞性的；更由於其迴避討論問題，因而也具有被動性。不過忽視的反應並非一無是處。要是問題真的無法解決，把問題提出來討論，可能加深對彼此關係的

傷害；又如雙方的衝突對彼此的關係並不重要，則不去處理它或許是適當的。

　　對衝突所採取的「雙輸」、「我贏你輸」、及「我輸你贏」之取向，可能會激發忽視的反應。當然這些取向也都和退出的反應有關。由於忽視和退出的反應對衝突同樣具有破壞性，不管當事人認為升高不合會傷害每一個人，或假設讓衝突繼續擴大，他們認為彼等將成輸家，他們出現忽視的反應之可能性皆是很高的。

(三)忠貞的反應

　　所謂忠貞的反應，是指不管雙方有何歧見，皆願繼續信守對彼此關係的承諾。忠貞常表現在遵從對方的意見，以維護彼此的關係上面。假設這樣的遵從代價不太高，或許是可行的，不過有時推遲本身需求的滿足與目標的達成以求和諧的代價可能過高。忠貞的反應也可能只針對雙方關係良好與合意的部分去表現，且將其中的問題減到最少的程度。忠貞是不主動地論及衝突而默默的歸順，因而它是一種被動的反應。此外，它不將雙方關係加以終結，且保留嗣後再討論緊張關係的選擇，所以忠貞似乎是具有建設性的。

　　忠貞最有可能出自「雙輸」取向對衝突之反應。採取「雙輸」取向者，有人會認為從事公開的爭執徒然傷害彼此，不如選擇保持對雙方關係的忠心，而不要去表達個人的憤怒、怨恨、失望、與不同的意見。

(四)發聲的反應

　　發聲的反應是藉著把問題說出來，並試著加以解決之一種處理衝突的主動、建設性的策略。採取發聲反應的人會去找出彼此的問題或緊張關係之所在，並表達加以處理的願望。發聲的反應顯示當事人十分在意彼此的關係，而注意到情況不對的時候，且要做些事情以改善

這種狀況。因而發聲的反應常是讓親密關係得以天長地久之最具建設性的策略。

發聲的反應最可能由對衝突採「雙贏」取向者所孕育出來。雙方皆想對彼此之間的問題與意見不合「嗆聲」。這種「嗆聲」不只是對彼此之間的問題表示關心，也傳遞出對彼此的關係具有信心。因為除非我們相信彼此的關係能經得起衝突，且雙方將以彼此可以接受的方式，努力解除雙方之間緊張的關係，否則我們不可能對彼此的不和「嗆聲」。發聲的反應也可包括為傷害對方的舉動表示誠摯的歉意，或明確地表示接受對方的歉意。

人際衝突最少是兩個人之間的問題。吾人對衝突到底應採取怎麼樣的反應才算適當，常常不是一廂情願的事。就上述人們對衝突的四種反應方式看來，要是你很在乎和對方的關係，則屬於建設性策略之發聲與忠貞的反應，應是可取的。其中，發聲的反應似更強而有力，因它主動介入衝突的解決。當雙方在直接處理衝突之前需要時間冷靜下來省思時，則退出的反應做為暫時過渡性的策略或許是有用的。若衝突是屬於暫時性的情況，且係由外在壓力所挑起，則忠貞的反應可能是恰當的。例如，你有些心事想跟你的室友分享，而你的室友正專心準備考試，沒有時間聽你講話，則此時最好的作法，似乎是按捺住自己的失望，寧可保持安靜，不要去打擾他。我們若能培養對人際衝突適當的反應技巧，必能增進敏銳與有效溝通的能力。

二、人際衝突的有效溝通原則

我們若將本書已探討過的人際溝通的觀念，以及前述處理衝突的若干觀點加以彙整，似可提出以下的溝通原則，以供有效處理人際衝突之參考。

㈠著眼於整體的溝通體系

　　人際衝突的發生絕非毫無牽連，無中生有。衝突一定發生在日積月累所建立的人際關係與整體氣氛當中。我們若要讓衝突具有建設性的化解，就得注意人際關係與溝通的整體系統。

　　兩個人的關係不好，你就是再怎麼運用解決衝突的良好技巧，也難以從事具有建設性的爭論。因為關係不好，而技巧再好，對方就可能有不同的解讀。兩個人的關係良好，就是一時溝通技巧欠佳，也不致使關係出軌。可見衝突的處理絕不可忽略其所存在的整體溝通與關係體系。

　　為了營造有利於處理衝突的人際氣氛，因此諸如用心傾聽、給予肯定的回應、有效語言和非語言溝通技巧的運用、自我觀念與知覺的掌握等，皆有助於建立健康的溝通環境，使吾人可以解決衝突，也不會傷害到彼此或雙方的關係。我們在處理人際衝突時，千萬不可忽略本身、對方、以及雙方的關係這三方面的因素，否則衝突的解決就可能事倍功半，美中不足了。

㈡妥善安排處理衝突的時機

　　處理衝突的時機安排得當與否，似與衝突能否獲得妥善處理息息相關。吾人在安排衝突的處理時機時，似應特別注意下列原則：

1. 當事人雙方中有人在心理上尚未完全做好準備時，不要從事重大衝突問題的討論：所謂在心理上尚未做好準備，係指諸如生病、感受其他壓力、疲倦、身處公共場合、時間急迫等情形。吾人若處於這些狀況而仍進行衝突問題的討論，則難免會出現諸如易怒、心不在焉、成效不彰等現象，這對處理重大衝突問題尤其不妥。

2. 對何時處理衝突問題應保持彈性：衝突的處理如欲具有建設性，則照顧到雙方的需要是很重要的。如果有一個人已準備好要談問題，另外一位還沒有，則在雙方同意下，最好推遲討論的時間。有人在衝突出現時，就想早加處理，但也有人需要深思熟慮後，才願進行討論；這種個別差異的狀況，似應皆予以尊重。如因雙方爭執而導致有人怒火中燒，則應立刻停止爭論，另外再找時間討論，免得有人口出惡言，反而無法收拾。

3. 應按衝突問題的輕重緩急安排處理的時間：有時當事人雙方的問題並非只有一個，且互有牽連，我們似乎不可能同時去處理所有的問題。在錯綜旁雜的衝突問題中，我們倒是需要經雙方同意理出個主從先後，依序加以討論解決。如此方能有效地處理衝突的問題。

(三)採取雙贏取向的處理方式

我們對衝突有怎麼樣的知覺，會決定我們怎麼樣進行問題的溝通。前面所討論過的那些解決衝突的不同取向，皆有其各自適用的場合。如果衝突是出現在彼此都很在乎對方，且想要維持良好關係的兩個人身上，則雙贏取向的處理方式應是最合乎需要的。對衝突秉持雙贏取向的態度，將使我們尊重自己與本身的需求，也尊重對方和他的需求，並致力於維護彼此關係的完整性。我們若要讓雙贏取向的處理方式真的發揮效用，似應注意從事以下的努力：

1. 確定自己的感受與需求並善加表達。表達的用語貴在具體明確，而避免含糊或武斷的說法。比較好的說法應是講事實，談感受，避免責難與怪罪。

2. 瞭解對方的感受與需求。要是自己不明白對方的感受與需求，應避免擅加臆測。我們不妨直接問對方，若要讓衝突獲得解

決，他的需求與感受為何。當對方說出他的需求與感受時，可要用心傾聽。努力聽出對方完整的想法，而避免在過程中與之爭辯。此外，讓對方知道你是認真在傾聽，且用心在瞭解他的想法，應該是十分重要的。

3. 使用可以促進合作與相互尊重的話語。這類的言語應該是具有肯定與支持性，且避免自我防衛的。我們若能全神貫注用心傾聽，並表現在乎對方的感覺與想法，則能讓我們充分瞭解對方的觀點與感受；此外，我們溝通時以用心傾聽和關心對方所作的示範，也有助於對方培養出相似的溝通態度。當雙方皆彼此關心與在乎對方的需求和感受時，雙贏的解決人際衝突的機會，應該是相當樂觀的。

㈣尊重自己、對方、和彼此的關係

有效的人際溝通需以尊重自己、對方、和彼此的關係為基礎。在處理人際衝突的問題時，對這三方面的注意尤須保持平衡。要是我們不顧或貶抑對方的感受與需求，則是在否定對方，且在傳達我贏你輸的訊息。不顧或壓抑自己的感受與需求，也非明智之舉。為對自己和對方公平起見，你應清楚表達自己的感受與需求。為求衝突的解決能令人滿意，當事人雙方皆應將自己的感受、需要、與想法攤開。惟有如此，雙方才能從事公開、透明化的努力，以對他們的問題產生可行的解決方案。

由於我們如何處理衝突會影響人際的關係，因此像「我贏你輸」或「我輸你贏」這類的處理方式，當只有一方是贏家時，另一方及雙方的關係都將成為輸家。吾人只有採取「雙贏」取向的衝突處理方式，方有可能使當事人雙方及彼此的關係皆成贏家。

㈤適時表達善意

　　沒有人會是十全十美的。我們總會做錯事，也可能會不經意地傷害別人。遭遇人際衝突時，吾人若能表現善意（grace）有時是適當的。Walters（1984）對善意在人際關係中所扮演的角色，曾提出下列感人肺腑的一段話：

　　　　當我們受到傷害時，我們有兩種選擇：被怨恨所摧毀，
　　或寬恕。怨恨是死亡；寬恕獲致治療與生命（p.366）。

　　Walters所指的善意應該就是寬恕。寬恕就是我們願意原諒那些無權期求我們憐憫的人。換句話說，雖然沒有責任或義務必須這樣做，我們仍給予原諒或將我們的需要放一邊，就是所謂的善意。若進一步將善意加以分析，它應具有以下的性質：

1. 善意係出自個人的雅量，而非受規範或期望所激促。
2. 善意係出自主動，而非被動的。
3. 當我們應該寬恕對方（如原諒不必為其行為負責的人），則只是寬恕並不代表善意。
4. 善意並非當我們毫無選擇的時候，讓他人為所欲為。
5. 善意係非賺得與非必然的仁慈。
6. 善意是一種抉擇，它並非我們必須，而是我們想要去做。
7. 善意包括不再對他人及其所作所為生氣、責備、與批判。
8. 善意的作為必須以歡喜表現。
9. 善意不會讓他人有虧欠的感覺。
10. 善意是不求回報的。
11. 善意是不附帶條件的。

　　表達善意除應得體且是真的顯示善意外，善意的表達「適時」也是很重要。光是表現善意，要是時機不當，不僅無法真正消弭衝突，也無助於雙方健康關係的發展。如果表達了善意，可是對方一再誤用這種善意，則善意的表現就應多加斟酌了。

　　善意的表達是個人可以掌握的主觀意願。善意也是我們在向對方傳遞友好的訊息。在大多數情況，善意所傳遞的柔性溝通訊息，其實是甚具穿透力的。在人際衝突中，吾人若能抱持知足、感恩、善解的態度，並表現包容的善意，則衝突的消弭與化解或許不是難事。

第13章

小團體輔導的溝通

第一節　小團體輔導與溝通

一、小團體輔導的性質

　　運用小團體從事輔導工作已是當今普遍被接受的觀念。事實上在小團體的輔導過程中，即充滿成員的溝通活動。輔導的成效就在反映溝通的效果。這種小團體輔導的概念，在英文有許多不同的名稱，如T-Group（訓練團體）、會合團體（encounter group）、過程團體（process group）、人際技巧團體（interpersonal skills group）、完形團體（Gestalt group）等皆是（Tubbs & Moss, 1974）。小團體輔導儘管有不同的名稱，但一般皆視彼等為團體諮商（group counseling）的各種不同的形式。換句話說，它們皆屬團體諮商的範疇。國內諮商輔導大師朱秉欣（民64）認為這類的團體活動之意義不外乎以坦誠的方式，來促成團員之間的契合，因此建議採取同時能夠表達方法與目標的意譯──坦誠團契。朱秉欣特別指出這類團體活動在組織上具有以下的共同點：

　　㈠任何方式的小團體輔導都由十名左右的團員所組成，且數目最多的也從未超過二十人。

　　㈡團體的組合毫無硬性的規定，且團體的目標與方向由成員在團體活動時探索發掘。

　　㈢任何方式的團體活動，集合之前或集合當時，負責人多少提供些有關的資料作為心理上的準備。

　　㈣負責人被稱為催化員（facilitator），其職責是在促成團員們思

想和感情的表達與溝通。

㈤催化員和參與的其他成員，都把團體活動的重點集中於當時團員間交往上的動態與進展，而不在解決任何指定的問題。

㈥既熱烈而又深刻的團體活動經驗，幾乎是任何團體活動方式所期待的發展與必然的結果。

大部分的小團體輔導或治療皆與敏感訓練（sensitivity training）有關，強調「此時此地」（here and now）的現在經驗是所有敏感訓練的核心。在敏感訓練中之所以能維持直接溝通於不墜，主要是強調成員須對人格（personalities）而非社會角色（social roles）做反應，如此將可引發個人對感受從事更多率直的表達；而團體的進展事實上就有賴成員間經常公開的回應。因此，如果我們稱小團體輔導為「人際溝通的實驗室」應不為過。

二、小團體輔導的類型

小團體輔導或稱為「坦誠團契」，由於受到普遍的重視，參與小團體輔導的人士可謂形形色色。因應不同團體的需要，小團體輔導的重點、方式、與名稱，就可能有所出入。茲將小團體輔導重要之幾個不同的稱呼分別列舉說明於下（Eddy & Lubin, 1973；朱秉欣，民64）：

㈠訓練團體：在相當非結構化的環境，經由人際互動，訓練社交的技巧，以幫助個人的成長。此一團體中能滿足成員獲得支持、回應、及學習的需求。成員在扮演其角色所表現的行為，可提供作為分析與學習的材料。因而，訓練團體的成員有機會瞭解團體中其他成員是怎麼樣看他們的、明白他們習慣表現的風格與角色的類型為何、知道他們扮演各種角色的能力怎樣、清楚對其他團體成員的感受與行為能變得更加敏銳的途徑、掌

握用以瞭解團體行為動力的方法等。

㈡會合團體：會合團體強調從直接、個人、與分享的經驗去學習。活動重點置於透過擴大瞭解、內心探索、人際議題、與功能不良抑制力之釋放，以獲致個人的成長。團體成員在坦誠相見、無所不談的自由氣氛中，充分交換意見流露真情，經由成員間的互動，而協助個人的成長，有利於成員間的溝通，從而改善成員之人際關係。參加會合團體後，個人的發展如何，可由其對思想與感受所做的描述，而知其梗概。團體的訓練員會採取更主動且指導性的角色；會用到身體的互動；其他表達的方式與感覺的探索如舞蹈、藝術、按摩、與裸體也曾被用作會合經驗（encounter experience）的一部分。

㈢敏感訓練（sensitivity training）：這種小團體輔導的目的與方法和「訓練團體」及「會合團體」相似。敏感訓練的目的在協助個人藉團體的影響而對其他成員的感受能更加敏銳，容易瞭解他人的情緒與需要，同時也更能覺察到本身行為的動機與成因。換句話說，敏感訓練所處理的乃是人際互動的問題。它所關心的乃是強化個人更正確地經驗人與事之需欲。敏感訓練也關心到邁向日益個體適切性（personal adequacy）的個人成長過程。

㈣創作工場（creativity workshops）：在創作工場中，每位成員本於自動自發的精神，透過各種不同方式的藝術創作，揭露自我，以促成工場成員間的交流與互動。

㈤配偶團體（couples' group）：此種團體的成員係由已婚夫婦成對參加所組成。其目的乃是藉著與其他已婚夫婦的交往觀摩而改善夫妻之間的互動關係。

㈥家庭團體（family group）：這種小團體輔導的方式是由幾個不

同的家庭組成。家長或子女藉著家庭以外的成員，在毫無拘束的氣氛中彼此觀摩學習，泯除輩份的隔閡，以培養家庭的和樂關係。

㈦馬拉松團體（marathon groups）：馬拉松團體是屬於耗費時間的會合團體，因其可能進行一連二十四小時繼續不斷的交談。它運用大量集中的經驗與伴隨的疲勞，以突破團體成員的心防，而消除個人的社會面具與彼此間的隔閡。主持這類團體的機構常自稱為「成長中心」（growth centers），並視其所提供的輔導活動為人力潛能開發的一環。

常見的小團體輔導雖有上述的種類，不過就各種不同稱呼的小團體輔導之性質而言，重視敏感訓練似為它們共通的特性。敏感訓練團體的產生多少跟現代人的孤獨、疏離感，以及對物質世界的不滿有關，因此對人的價值與重要性的肯定，常成為其關注的核心。溝通的過程可能發展或破壞人際關係，而敏感訓練則在增進處理人際關係的能力。敏感訓練對人際溝通的改善有其助益，主要它致力於下列四個重要目標：

㈠提升對自己與他人的覺察能力

㈡提供與接受公開的回應，以致自己與他人的行為和反應可以變得更為適當。

㈢增進吾人對團體動力的知覺和瞭解。

㈣增進對自我與他人的接納。接納他人常可產生對自我更大的接納。而自我接納的增加才能產生許多其他正面的改變。

當然敏感訓練團體的實施似亦利弊互見，茲就對其正負面的看法分別說明如下：

㈠正面的看法：敏感訓練的正面效果常被提到的，包括對他人的敏感度提高、平等的待人態度、溝通與領導技巧的增進、團體

促進與維護技巧的提升、更體諒、更自在、更能授權、協助團體決策、更開放、接納與容忍差異、人際關係技巧的增進、對自我、他人及團體互動過程之瞭解與診斷性覺察獲致改善、對實際與理想的我有更一致的描述（變得更自我接納與更務實）、自我描述與由他人的描述更趨一致。

㈡負面的看法：敏感訓練的負面評價常被提到的有下列情形：

　　1.做為管理訓練的技術而言，敏感訓練似未顯示對就業效能可有充分的改進。

　　2.敏感訓練的效果並不是永久的。

　　3.敏感訓練可能導致明顯的心理傷害。因為會合團體會引起相當高度的情緒反應，以致使得一個人對學習更為開放，但也會對衝突更容易遭受傷害。在心理上容易遭受傷害者（即那些低自尊者），更可能成為會合團體經驗的傷亡人員（casualty）。

參與小團體輔導的利弊也許見仁見智，不過吾人在選擇團體時，Shostrom（1969）所提出的下列七個原則或可供參考：

㈠不要對報紙廣告或其他的大眾公告有所回應，因受過訓練的專業人員是不被允許去直接做廣告的。

㈡不要參與少於六個成員或超過十六個成員的團體。

㈢在決定參與團體時要小心思慮；不要因衝動而參加，也不要留在成員盡講難懂術語的團體。

㈣不要參與其成員你在社交或專業上十分認識的團體，除非這個團體是為有這樣的關係者而設計的。

㈤不要受聚會場所物理環境或各種成員身分或外表的影響。所有好的團體將會容納你不親近認同的人物與生活型態。

㈥遠離要每一成員信奉某一特定教條的團體。

㈦確定你所參加的團體與你能查核的某一專業人員有正式的關係；如團體領導人不具行為或社會科學方面的某些專業學位，其團體應予避免。

三、小團體輔導對人際溝通訓練之價值

前面已經提及小團體輔導活動皆與敏感訓練有關，且它基本上就具有「人際溝通的實驗室」之性質。由此我們應不難理解小團體輔導對人際溝通訓練應有相當的助益。具體而言，小團體輔導對人際溝通訓練之價值應有以下幾方面。

㈠小團體輔導有助於培養個人用心傾聽他人說話的能力：一般小團體輔導絕非烏合之眾的聚會，它在領導者或訓練員的引導下，事實上就在學習怎麼樣跟別人溝通。在這種溝通的學習中，如何用心傾聽，特別是能聽出「意在言外」的「弦外之音」，往往就是重點所在。因為我們真正會傾聽他人說話，才有可能作適當的表達。

㈡小團體輔導有助於提升個人對他人之情緒與想法之敏感性：透過小團體輔導活動，吾人藉著成員之交相互動與回應，將有機會省視本身對他人知覺的正誤，經由相當的互動經驗，個人對他人的同理心將因焠鍊而更加敏銳。

㈢小團體輔導有助於個人更瞭解自己的感受與動機：小團體輔導不只有助於個人更加敏銳地瞭解他人內在的參考架構，經由他人的回應與本身的不斷省視，個人也更容易覺察到自己真實的感受與本身行為的動機。

㈣小團體輔導有助於提升個人表達的能力：在小團體輔導活動中，人際的交流互動是十分頻繁的。在團體活動中，個人是很

難一直扮演旁觀者的角色，要想一直沈默不語真的也不行，除非脫離團體一途。個人的表達能力就在有機會說話或不得不說，以及成員間相互觀摩學習的情況下，就自然日有進益，而獲得不斷提升了。

㈤小團體輔導有助於改善人際關係：小團體輔導最重要的成效之一，應該就是有助於人際關係的改善了。這也難怪朱秉欣（民64）會將其論述「坦誠團契的理論與技術」之專著，卻以「怎樣改善人際關係」做為主標題了。從前述作者所提的小團體輔導有助於「培養個人用心傾聽他人說話的能力」、「提升個人對他人之情緒與想法之敏感性」、「更瞭解自己的感受與動機」、及「提升個人表達的能力」種種的價值來看，我們應可以瞭解，當小團體輔導的這些價值所潛在的功能具體表現出來時，最直接的效應應該就是人際關係的改善了。當然人際關係改善的程度，應該與小團體輔導的功能表現息息相關的。

第二節　小團體與個人發展的理論

一、小團體發展的理論

每一個小團體輔導的活動皆有其生命週期。到底每一個團體是怎麼樣開始的，中間會發生甚麼變化，最後又會有怎麼樣的結果，其發展的軌跡為何，不同的研究學者似有不同的觀察角度。以下將就兩階段與三階段理論的見解分別提出說明。

(一)兩階段理論

兩階段理論（the two-phase theory）是會合團體具有代表性的發展理論。兩階段理論是由 Bennis & Shepard（1956）所提出。此一理論認為會合團體的發展包括下列的過程：

1. 第一階段：此一階段屬於依賴階段；它關注的是權力、角色、與權威。本階段又包含以下三個次級階段：

   (1)成員嘗試從權威人士（通常是團體領導人）獲得認可。在開始活動前面幾天會存在許多焦慮。

   (2)兩個相互反對的次級團體通常會形成，因此是一段不愉快的時期；對領導人的不滿會被公開表達，因而團體有呈現兩極化的可能。

   (3)團體發展進入轉捩階段，此時團體成員能自主活動，而形式上不需要領導人。

2. 第二階段：本階段屬於互賴階段；所關注的是互賴、親密、與情愛。本階段也包含下列三個次級階段：

   (4)開始時團體對本身深感愉悅。在成員放輕鬆時，探究與對質的現象暫時停歇。

   (5)經由與團體進一步的互動，某些人開始擔心喪失個性與自尊；其他人則要求完全投入與寬恕；團體因而呈現兩極化。

   (6)互賴或親密的議題獲得解決。成員可以提供與接受誠實的回應，並能處理諸如如何評鑑他們在團體活動中所學到的東西這樣的任務議題。

Bennis & Shepard 認為團體的生命週期係從強調權力與角色，逐漸演進到關注情感與人格。雖然他們認為這些是團體的生命週期中最有影響的主題，不過他們指出若干次要的主題也會出現。那就是說，較

低的發展水準會與更高的發展水準並存，並且團體不會一直在化解依賴的衝突，而會逕行進到第二階段。就實際而言，顯然並非每一個團體皆會依據前述的階段絲毫不差地在發展。例如，就有許多團體並不要求其成員在活動結束時相互評鑑。然而吾人仍可從其所浮現的主題，進而瞭解團體發展的情形（Tubbs & Moss, 1974）。

(二)三階段理論

三階段理論係由 Schutz（1966, 1967）所提出；它包括融入（inclusion）、控制（control）、與情感（affection）三個主要階段。而此三階段與每一個人的三個基本人際需求是一致的。茲列舉說明如下：

1. 融入：指的是團體形成的過程。人際接觸或邂逅是本階段基本的互動型態。每一成員須決定是否以及何時成為積極的參與者。成員可能想成為團體的一份子，而又擔心遭受拒絕或喪失個人的主體性（personal identity），以致引發心理衝突。

2. 控制：控制階段的議題是權力、影響、與權威。這是參與者對質與最終做決策的時期。他們都介入控制權的爭鬥，即使那些不為自己追逐權力者亦然。控制的需求程度不同，它從權力、權威、及控制他人的需欲，到被控制的需求和從自身卸下責任，而成一連續體。

3. 情感：情感階段關注的是人際的距離——人們將變得有多親密。融入與控制的關係能超過兩個人以上，但情感關係則是兩人間的事。

Schutz 指出雖然每一個人對融入、控制、與情感的需求不同，但只有當他能在這三方面的每一部分皆保持平衡的狀態，他才能在其人際關係中發覺到滿足感。

前述的兩階段與三階段理論雖對小團體輔導活動發展過程的描

述，表面上看似不同，不過究其實質，兩者的精神應差別不大。兩階段理論所提出的發展過程係從「依賴階段」演進到「互賴階段」，正表現團體成員人際關係之逐漸契合，這與三階段理論所提到的從初期的「融入」，到最後「情感」可能的水乳交融，其性質並無二致。至於在小團體整個發展過程之中，不管是兩階段或三階段理論皆認為成員出現衝突的現象，似難以避免。因此，兩階段與三階段理論二者並不相互矛盾，事實上二者是可因為互補，而益增吾人對小團體輔導活動發展過程之瞭解的。不同的小團體輔導方式或許有不同之發展的理論依據，但吾人須知任何方式的小團體輔導幾乎皆會產生以下的共同現象或自然效果（朱秉欣，民64）：

1. 當團體成員熱烈促膝談心時，每個人的心防會逐漸消失，團體領導人（催化員）就容易培養一種令人感到心理安全的有利氣氛。

2. 在這種心理上感到安全的氣氛中，個人對自身及其周圍的成員，很容易流露真情，並抒發其反應。

3. 在自由地抒發真摯的情感時，團體成員之間的信任會因此而快速地增長。個人對其整個的自我，包括體格、容貌、氣質、性向、智力、興趣、個性等，便容易開始自我接納。

4. 在防衛機能與壓抑減少後，團體成員就更容易彼此信賴並相互學習。隨著心防的減退，個人對本身的行為與態度，甚至於對為人處世的方式與作風能有或該有的改變，便不再感到恐懼。

5. 由於團體成員彼此之間的溝通與相互回應逐漸熱絡頻繁，他們便更能瞭解自己在別人心目中的印象，同時也可覺察到其在與人交往時所產生的影響。

6. 在團體成員可以自由表達與彼此的溝通獲得改善後，創新的思想與觀念便可能紛至沓來。此時革新與創意已不再構成威脅，

反而變成大家追求的願望。

7.從任何方式的小團體輔導活動中所受的影響，團體成員往往會將之帶回彼等的日常生活與工作環境，而影響其周遭的人士。

二、個人發展的理論

由於敏感訓練被認為是小團體輔導活動的核心功能，因此它對個人發展的影響也特別受到注意。敏感訓練可視為密集的社會學習，而這種學習的產生有些學者係以示範（modeling）、增強（reinforcement）、消弱（extinction）等觀點加以解釋。也有些學者喜歡以改變或影響，而非學習或成長來討論會合團體中的個人發展（personal development）。他們的理論是由 Lewin 之改變的觀念（conception of change）發展而來（Tubbs & Moss, 1974）。它包括下列一系列三個獨特但重疊的過程：

㈠解凍（unfreezing）：解凍即在經由激發改變的動機，以瓦解對行為與態度改變的抗拒。在會合團體中能以下列三種方式以激發改變的需欲：

　1.經由缺乏確認或實際否定個人某部分的自我觀念。

　2.經由培養罪惡感或個人的不適切感。

　3.經由提供安全的心理環境與消除改變的障礙。

㈡改變（changing）：當一個人從其社會環境吸收了新的資訊，改變即可能發生。會合團體提供每一成員接觸許多不同資訊的機會，因而提供了產生改變的絕佳環境。

㈢再凝固（refreezing）：於再凝固階段中，某一新的反應融入個人的人格及與他人長期的關係。而這種改變的穩定性，將視此一新反應和其人格其他部分契合的程度，以及它是否能被重要

的他人接受與肯定而定。在會合團體中,當團體成員對新行為
給予支持時,某些再凝固的現象就可能發生。不過在日常環境
中的增強仍是重要的。要是新行為與個人在會合團體之外的生
活相契合,或他人也能學習以新的方式去反應,則就有極佳的
機會獲致永久的行為改變。

小團體輔導中的個人發展所涉及的乃是個人行為、態度等改變的
過程。對於個人行為、態度等改變的過程,不同的理論似有不同角度
的解讀。要是我們採取社會學習論與行為論的觀點,則示範、增強、
消弱等概念將成為用以解釋個人行為、態度等之所以改變的理由。我
們若將團體中個人發展以前述解凍、改變、與再凝固三階段的過程加
以解釋,則個人和小團體中其他成員的關係與溝通互動狀況,往往才
是其行為、態度等能否順利從解凍、改變、並發展至再凝固階段的關
鍵因素。儘管如此,我們似乎也不必排除社會學習論與行為論的見
解,對瞭解個人在團體中的發展之貢獻。事實上我們是很難排除個人
的行為、態度等是會受到示範、增強、消弱等因素之影響的。

第三節　小團體輔導的溝通過程

一、小團體輔導的實施過程

小團體輔導的實施,由於輔導類型與性質的不同,其過程可能略
有出入,且團體成員的心理演變歷程也難以區分明確的界線。不過吾
人似可發現小團體輔導實施過程的概括趨勢。例如,Ohlsen(1970)
指出小團體輔導一般會經歷下列四個發展階段:

㈠個人為中心的競爭階段（Individually centered, competitive phase）：團體成員企圖塑造團體的領導中心，以為彼等承擔責任。

㈡挫折與衝突階段（Frustration and conflict phase）：在團體領導者表現不如預期時，其成員難免挫折、並多所怪罪，團體的內在衝突常因之而起。

㈢團體和諧階段（Group-harmony phase）：在此一階段團體凝聚力產生了。成員是支持團體的，但常會避免或掩飾衝突，且不是很具有生產性。他們會克制負面的反應，並壓抑個人的需求，以滿足團體的需要。

㈣團體為中心的生產階段（Group-centered, productive phase）：團體成員能勇敢面對衝突，承擔責任，並學習去解決團體的問題，且培養成員間生產性的工作關係，一切以團體為重。

李東白（民70）亦指出諮商團體的發展，大致可以分為以下四個階段：

㈠介入階段：此一階段之重點在澄清目的、促進相識、建立信賴關係、並開始進行討論。

㈡過渡階段：重點在學習如何有效的參加團體，不僅為了自己，也為幫助別人。

㈢工作階段：通常團體都有高昂的士氣與確定的從屬感。能共同討論問題，並解決問題，期能幫助自己，且幫助團體。

㈣結束階段：結束團體諮商並無一定規則。輔導員的經驗、團體的性質以及進步的情形，均為決定何時結束的重要因素。

而宋湘玲、林幸台、及鄭熙彥（民74）也認為團體諮商的歷程包括下列五個階段：

㈠安全與信任階段：由團體諮商初期團體成員的緊張、不安、懷

疑、抗拒、退縮或不知所措，經由成員情緒的疏導與迷惑的澄清，而終致產生安全與信任感。

(二)接受階段：開始習慣而自然地接受團體活動的方式，願意參與團體成為團體的一份子，並接受他人、自我、及其所面臨的問題。

(三)責任階段：此一階段在促使成員對自我負責，承認自己的問題，並勇於面對與解決。

(四)工作階段：本階段的重點在成員所面臨的問題上。其主要的工作包括檢討自我的問題、探尋解決問題的方法、學習有助於問題解決的新行為或態度等。

(五)結束階段：此一階段的重點，屬於對成員提供支持的性質。

此外，朱秉欣（民 64）更從團體成員的心路歷程，而將「坦誠團契」的進行過程歸納為下列四個階段：

(一)迷惑階段：由於催化員聲明只是從旁輔助團體成員間的自由交談，而不負直接的領導責任，成員們難免充滿迷惑。成員常可觀察到諸如摸索一陣、掩蔽真我、敘述往事、及出現消極態度等現象。

(二)發掘階段：此一階段成員的學習動機很強，所缺的就是沒有導師。有人開始自我發掘，吐露他的感受，希望別人對他多一分瞭解，也希望他的開放能引起共鳴，產生帶頭作用。本階段成員的表現大致離不開發掘事實、言歸正傳、輔導開始、自我接納等形式。

(三)攤牌階段：此一階段的場景沒有人暗中策劃，也沒有人知道誰將是其中的主角。若干現象如揭穿面具、虛心受教、攤牌好戲等似可簡要描述這一個階段。

(四)團契階段：經過緊張而痛苦的時期，成員好似被狂風暴雨驚

醒，成員間充滿了愛的氣氛。在本階段將有機會觀察到相互關懷、坦誠相見、心心相契、神化蛻變等現象。

從前面所提小團體輔導實施的過程，不同觀點之間的見解容有出入，不過就人際溝通的角度加以觀察，吾人似可發現小團體輔導實施的過程似具有以下的特性：

㈠由含混到清朗：小團體輔導實施之初，可謂充滿不確定性，人心難免惶惶不安，最後終至柳暗花明，目標明朗。

㈡從被動到主動：小團體輔導實施之初，團體成員可能充滿觀望等待，等到彼此熟稔，可能出現發言爭先恐後的場面。

㈢從衝突到和諧：小團體活動之初，難免有我無人，人際衝突時有所聞，及至大家坦誠相待，互助關愛，相識恨晚的現象，於焉發生。

㈣從封閉到開放：參與團體之初，多數成員難免戒慎恐懼，防衛封閉，及至大家相互表露，一有共鳴，開放表白，遂成常態。

㈤從外控到內控：小團體活動之初，成員對他人可能語多怪罪，但隨著團體的發展，如有不如己意，常可反躬自省，自我承擔責任。

㈥從個人到團體：參加團體之初，成員所想到的多半只有自己，慢慢地他們也會注意與關心團體其他成員的感受與想法。

二、小團體輔導溝通活動舉例

小團體輔導所實施的活動，其本質實為透過人際溝通活動的各種設計，以幫助團體成員的自我成長，以期能瞭解自己與他人、適當地自我表達、並改善人際關係。因此，不同的活動設計可能就有不同的輔導重點，它們共同的即是所有的活動皆會包含相當多時間的人際溝

通、互動、與分享。例如朱秉欣（民64）即指出「坦誠團契」技術的運用可包括「打開話匣」、「發掘主觀因素」、「探索自我境域」、「運用自我表達」、「解除壓抑」、「促進傳達溝通」、「促進團結合作」、「增強信任」、「探測成果」等項目，而每一項目的技術可藉相關的輔導活動設計讓團體成員去經驗、感受、與學習。

此外如王慧君（民74）亦曾分別就「團體初期的活動」、「促進團體凝聚力的活動」、「增進團體信任感的活動」、「催化成員自我探索的活動」、「人際間互動的溝通」、「涉及個人隱私的活動」、「評價團體發展過程的活動」、「團體後期的結束活動」等提出相關的活動設計。

現分別就朱秉欣（民 64）所提之「打開話匣」、「發掘主觀因素」、及「探索自我境域」三種技術，以及王慧君（民74）所提「增進團體信任感的活動」、「催化成員自我探索的活動」、「人際間互動的溝通」及「涉及個人隱私的活動」，在以下各引用一活動實例以供參考。

㈠打開話匣的技術

主題：報導第一印象（朱秉欣，民64，頁113-115）

1. 目的：

(1)培養個體理會他人的情意。

(2)激發團員重視他人的存在。

(3)矯正團員們的主觀因素。

(4)促進團員間的親密友誼。

2. 準備步驟：

(1)請全體團員排列成半圓形。

(2)說明在觀察他人時，大家可以使用眼目、嗅覺、與觸覺。

(3)說明各團員在觀察時，應當注意的事項：

　　①注視體態姿勢、容貌儀表、以及風度神情。

　　②握手擁抱，體驗皮膚、肌肉的粗細軟硬。

　　③藉視覺、觸覺注意髮鬚的類型，分辨髮鬚的素質。

　　④應用嗅覺幫助增加觀察者的記憶。

3.進行方式：

　(1)先由半圓形一端的第一位走到第二位的前面，互相觀察一分鐘，然後第一位走向第三位。

　(2)等第一位走向第四位時，第二位與第三位開始互相觀察。

　(3)等第二位走向第五位時，第三位與第四位互相觀察。

　(4)第一、二位順序往前進行，第三、四位相繼隨從。

　(5)等全體互相觀察完畢，大家圍坐成圈，由第一位開始站在第二位的面前，兩眼正視、雙手可以觸摸，同時報導他的感受。（這時，聽眾可以提出問題或交換意見。）

　(6)接著，第一位依同一方式報導他對第二位的感受。

　(7)當第一位對所有團員報導完畢，其他團員相繼進行。

4.討論題材：

　(1)報導第一印象會產生甚麼作用？

　(2)對於觸摸，大家有甚麼觀念？

　(3)怕情怎樣影響人的觀察？

　(4)與人交往，為甚麼人們都有點拘束？

　(5)報導第一印象會有甚麼困難？

　(6)怎樣的人使我們感到容易注視？

㈡發掘主觀因素的技術

　主題：切切私語（朱秉欣，民64，頁126－128）

1. 實驗目的：

(1)探索人們潛意識的動機。

(2)分析影響人們知覺的外在因素。

(3)發掘人們看事想事時的主觀因素。

(4)提供自我反省並參考旁人反應的良好機會。

2. 時限：本實驗的時間可長可短。倘若每位團員輪流扮演並在觀察其他團員裝腔作勢時，深入地陳述自己的所思所感；兩小時可能很快地溜過。坦誠團契的實驗，本應該隨著當時的情況看風駛船。時間的分配常可以有極大的伸縮性。

3. 進行步驟：

(1)由小組中要求兩位比較靈活的團員，請他們自動站起。

(2)請他倆走出圈外，離小組約十多公尺。

(3)從他們站立的地方，兩人開始切切私語，同時指手畫腳儘量用臉色表示他們在談論或嘲諷團員中的某人。

(4)兩人回到小組，請團員們輪流發言，猜測他們剛才談話的內容。

(5)扮演的團員暫時對大家的反應不加可否，聽讓其他團員彼此討論或矯正。

(6)另一對團員離開小組，作類似的扮演。接著又全體團聚，用同樣的方式，陳述各人的感受。

(7)大家輪流完畢，開始集體討論。

4. 討論題材：

(1)扮演者說出他們竊竊私語的內容。（這內容可能是有主題有意義的對話，也可能是毫無目的、毫無涵義的虛套。）

(2)比較扮演者與猜測者之間的異同。

(3)討論為甚麼人們偏於斷章取義、曲解事實？

(4)主觀的因素是從那裡來的？

(5)怎樣的人看事想事比較客觀？

(6)如何減少我們的主觀成分？

㈢探索自我境域的技術

主題：追回愛人（朱秉欣，民 64，頁 133－134）

1. 實驗目的：

(1)促使團員們情緒的發洩。

(2)協助有困擾的個體，澄清問題的癥結。

2. 時機：這是一種較深的坦誠，實驗的時機最好是在第二或第三天晚間。

3. 時限：因情緒的發洩極易將輕鬆的氣氛轉變為悽慘的局面。實驗的時間以不超過一小時較為適宜。

4. 進行步驟：

(1)召自願出場的團員一位，請他站在小組的中央。

(2)請他在小組中尋找與他心上人最相似的一位。（所謂心上人是指和他關係非常密切的一位。這人能夠是父、母、愛人、知己、或仇敵。）

(3)實驗者向那模擬的心上人，盡情傾訴他的苦衷。

(4)被指定的心上人，設身處地扮演他所當的角色。倘若扮演不真，則兩人交換角色。

(5)旁觀者可自動地輪流著在心上人的背後，說出他所不敢吐露的感受。

(6)一個人尋找完畢，其他團員最好不要錯失這種機會。

(7)大家追尋完畢，全體作一個較短的討論。

5.討論題材：

(1)首先大家敘述參與這實驗時的感受。

(2)討論這種實驗能否達成發洩情緒的效用？

(3)這實驗會不會有甚麼危險？

㈣增進團體信任感的活動

主題：三個秘密（王慧君，民 74，頁 123－124）

1.目的：

(1)試探個人信賴團體的程度。

(2)促使個人覺知團體的歷程。

2.一般說明：

(1)人數：8－12 人。

(2)時間：60－90 分鐘。

(3)材料：紙、筆。

(4)場地：安靜的空間。

3.實施程序：

(1)活動說明：這是一個試探個人在團體中信賴別人之程度的遊戲，從自己秘密不能告訴別人的原因中，瞭解秘密存在的意義與團體進行歷程的關係。

(2)給每一位成員一張小紙片，要每一位寫上三個秘密，這三個秘密，是無論如何，絕對不願意告訴其他成員的。寫好後，自己保存著，不讓別人看到。從一人開始，輪流說出每一個秘密現在不願告訴別人的原因。

(3)領導者可試探以開玩笑的口氣，企圖使成員的秘密公開出來，但不得強迫說出秘密，除非他自己願意說出來。

(4)討論。

㈤催化成員自我探索的活動

主題：自我評估（王慧君，民 74，頁 152－153）

1. 目的：

(1)設定目標。

(2)取捨抉擇。

(3)選擇資源。

2. 一般說明：

(1)人數：8－15 人。

(2)時間：1.5－2 小時。

(3)教材：紙、筆。

(4)場地：桌子。

3. 實施程序：

(1)領導者指示成員完成下列的句子（約 0.5 小時）。

　①我是…………………

　②我需要………………

　③我想要………………

　④我想要變成…………

　⑤我需要知道…………

(2)團體成員彼此討論與分享所寫的單子（約 1－1.5 小時）。

㈥人際間互動的溝通

主題：認識一個不像自己的人（王慧君，民 74，頁 176）

1. 目的：

(1)加強團體中已經建立的互動關係。

(2)繼續加強成員自我的表現。

(3)學習我──你──他互動關係的整合作用。

2.一般說明：

(1)團體人數：8－12人。

(2)時間：30－50分鐘。

(3)教材和場地：安靜舒適。

3.實施程序：

(1)在團體中找一個不像自己的成員。（3分鐘）

(2)兩人自由討論彼此的不同。（10分鐘）

(3)回到大團體中，每人在團體中分享自己成長過程中，具有影響力的一段經驗（正或負的經驗均可）。

(4)兩人討論當初認為彼此不同處，有無一些相同點？再交談時又發現了甚麼同異之處？（10分鐘）

(5)兩人在大團體中和團體分享願意和大家分享的經驗。

(七)涉及個人隱私的活動

主題：當我小的時候（王慧君，民74，頁219）

1.目的：

(1)回想幼時的經驗。

(2)試圖探討當前問題的幼時原因。

(3)促進自我瞭解與彼此瞭解。

(4)以色筆畫出「當我小的時候」住、讀書的地方，家中人物情形等，自己依圖畫說明。不擅長繪畫者，以圖、表、文字示之均可，如此瞭解與家人的關係，探討個人人生觀，並且檢驗生活態度的正確性與有效性。

2.一般說明：

(1)人數：8－12人。

(2)時間：60分鐘。

(3)材料：紙、筆。

(4)場地：可供書寫的室內空間。

3.實施程序：

(1)唱一首「當我們小的時候」的歌。

(2)發下紙張（色筆與童年照片由成員先行準備）。

(3)說明規則。

(4)開始繪畫。

(5)自己依圖畫說明，其他成員自由發問。

(6)傳遞欣賞童年照片後，再換另一人敘述。

第14章

公眾溝通

第一節　公眾溝通之性質

一、公眾演講的目的

公眾溝通（public communication）仍然是人際溝通（interpersonal communication）的一環。在人際互動頻繁，人類的團體與組織化生活及工作已成常態的今日，吾人從事公眾溝通的機會可謂與日俱增。公眾溝通最普遍的型態應是公眾演講。因此如何有效地對眾人演講，應該是現代人難以迴避的學習課題。事實上，對公眾演講的研究可能產生下列的效益：

㈠有助於將自己的意見作有條理的表達。

㈡有助於人際互動關係的處理。

㈢有助於學習克服焦慮與培養自信。

通常在對聽眾演講時，講演者心中多有其預定的目的。這些目的大致有下列四方面：

㈠告知：提供聽眾某種資訊。

㈡說服：影響聽眾態度的形成或改變態度。

㈢娛樂：為引發樂趣或娛樂聽眾而講演。此一做法也常做為告知或說服的手段。

㈣啟發：為激勵或引發聽眾的創意而講演。

不過吾人須知，在公眾演講的場合，演講者並非唯一的演員。在此種場合，演講者與聽眾往往存在諸多的互動關係。聽眾對演講者的期待，似乎在影響這一「社會劇碼」的撰寫。一般而言，聽眾對演講

者常見的期待有下列這幾方面：

　　㈠希望演講是有趣並提供有用的意見。

　　㈡希望演講生動活潑。

　　㈢希望演講者遵從演講的時限。

　　在演講者欲達到其心中預定的演講目的的同時，若能注意聽眾可能的期待，則其演講的效能應該較容易發揮出來。因為公眾演講的目的，是需要將演講者的意圖和聽眾的期盼有所協調與整合的。

二、大眾傳播的特徵

　　在我們所生活的地球村中，各種現代的溝通媒體（communication media）可謂無所不在，使得我們很容易和世界任何角落的人們有溝通訊息的機會。利用溝通媒體所做的大眾傳播（mass communication）是屬於大規模的公眾溝通。大眾傳播是媒體組織（media organizations）製作與向大眾傳送資訊的過程，同時它也包括那些資訊被大眾搜尋、運用、瞭解、及影響的過程。吾人透過大眾傳播媒體，常同時能接觸到數以萬計的人們。大眾傳播的管道包括影片、電視、劇場、廣播、報紙、雜誌、書籍等。這些大眾傳播管道的特性，有靜態，有動態，有視覺，有聽覺，也有的是視聽兼具的，可謂形形色色不一而足。在大眾傳播的溝通中，有許多觀眾或聽眾也可能和電視或廣播人物有互動關係，甚至於和熟悉的電視或廣播人物發展出準社會關係（parasocial relationships）。雖然並非每一個人都有機會透過大眾傳播媒體從事公眾溝通，但至少身為大眾傳播的聽眾、觀眾、或讀者，的確應對大眾傳播有所瞭解。

　　Lasswell（1964）曾用以下問題的形式，提出描述大眾傳播過程很簡單的一個語言模式：誰？說甚麼？以何種管道？對誰？有何種效

果？（Who? says what? in which channel? to whom? with what effect?）。因此，Lasswell 所提的大眾傳播過程即包括下列要素：

㈠誰？

㈡說甚麼？

㈢以何種管道？

㈣對誰？

㈤有何種效果？

從前述的大眾傳播過程與大眾傳播媒體各種可能的特性來看，大眾傳播似乎會顯示下列重要的特徵：

㈠只有一種或最多兩種感官涉及大眾傳播訊息的接收。

㈡大眾傳播的訊息傳送者雖仍可能與閱、聽大眾現場面對面溝通，不過這種溝通方式多非常態。

㈢對大眾傳播訊息的回應通常延遲。這主要還是由於現場面對面溝通機會的不足所致。

㈣大眾傳播多有「守護者」（gatekeepers）的設置（如編輯、導演等）。因此，訊息傳播者與接收者之間的互動，往往就不是那麼的直接與容易。

第二節　瞭解聽眾

一、聽眾的分析

公眾演講既是公眾溝通最普遍而常見的形式，則在從事演講前對聽眾有適當的瞭解，才能與之產生有效的溝通。一般而言，在演講時

我們很容易將焦點放在自己身上，諸如本身的目標、焦慮、興趣等，而忽略了聽眾的想法與感受。我們若能以聽眾的立場出發，採取聽眾導向（audience orientation）的演講，瞭解聽眾的心理與社會背景，將有助於和他們進行有效的溝通（陳淑珠與張玉佩，民87）。因此，在決定演講內容與方式之前，對聽眾的情況先加以分析是很必要的。對聽眾分析的途徑主要有下列兩種：

　　㈠人口統計式的聽眾分析（demographic audience analysis）：即針對聽眾年齡、性別、文化及種族背景、居住地、職業、社經地位、學歷、團體身分、宗教信仰等一般特性加以瞭解，使演講內容適合於聽眾的需求、興趣、與接受程度。

　　㈡目的取向的分析（purpose-oriented analysis）：即針對演講的目的，演講者須瞭解之聽眾的背景資料最重要的是甚麼。

　　聽眾分析除上述兩種基本方向外，事實上，吾人若能透過意見調查或聽眾行為觀察，以瞭解聽眾的信念、態度、與價值觀等心理因素，將更有助於組織演講的理念、選擇支持性的材料，並在計畫演講時能建立符合實際的預期。

　　我們在從事聽眾分析時，除上述資料之搜集外，尚須就「我們對聽眾已知者為何？」及「我們該如何運用搜集到的資料？」之類的問題，要先成竹在胸，方能確切掌握資料搜集的方向，以及搜集到的資料對演講的準備所顯示的意義。

　　固然在演講之前，對聽眾的瞭解與分析確實重要。不過在講演過程中來自於聽眾的反應，對講演者當場的臨機應變，或對邇後的演講，似亦具參考價值。聽眾的反應常見者有下列兩種：

　　㈠外顯的反應（overt response）：聽眾的反應是明顯的，且容易加以解讀。它們多半屬於可以觀察或感受到的語言或非語言行為。

　　㈡內隱的反應（covert response）：聽眾的反應難以瞭解與解讀，

或可以幾種不同的方式加以解讀者。這類反應多半屬於聽眾內在的心理狀態或曖昧含混的回應。

經由聽眾的分析所獲取的資料，以從事演講的準備時，一般而言，將可發揮下列三種效用：

㈠設定適合聽眾的演講目標。

㈡對聽眾的反應設定合理的期待。

㈢演講內容能兼顧聽眾中次級團體的狀況。

二、聽眾的類型

公眾演講場合的聽眾，彼此之間有明顯的個別差異，事實上是一種常態。聽眾的類型若就其與演講者之溝通關係加以區分，則主要有下列三種：

㈠中性聽眾：出現中性聽眾的原因不外：

　　*1.*漠不關心。

　　*2.*缺乏資訊。

　　*3.*猶豫不決。

㈡具敵意的聽眾。

㈢討喜的聽眾。

聽眾的種類若就其聽講的目的而分，常見的有以下三種：

㈠享樂性聽講（pleasurable listening）：聽眾聽講的目的在享樂。

㈡識別性聽講（discriminative listening）：聽眾聽講主要的目的在瞭解與記憶某些資訊。

㈢批判性聽講（critical listening）：聽眾聽講時在辨別是否演講者為其目的有意或無意地歪曲資料。

聽眾的種類除有上述不同的區分方式之外，事實上，某些聽眾的

特性也是吾人在探討公眾溝通問題時不能忽略的。這些特性值得注意的有聽眾的可說服性、聽眾的詢問、聽眾的批判性、及聽眾的防衛行為，茲分別說明於下：

(一)**聽眾的可說服性：**在聽眾的可說服性方面，下列的情形值得我們注意（Tubbs & Moss, 1974）：

1. 女性一般比男性更易被說服；但性別和可說服性之相關可能與特定議題有關。例如，女性對勞工爭端強制仲裁的議題可能比男性更易被說服，但對有關墮胎的議題則不然。

2. 人格特性和可說服性可能亦有相關存在。受到社會壓抑（socially inhibited）及顯現社會不適切感（social inadequacy）者常較易被說服。易被說服者其自尊常較低。

3. 抗拒被說服者常不太會受外在標準的影響、且具有成熟與堅強的自我形象、肯定主觀的感受、有相當豐富的心靈世界、能檢視本身及其生活的角色到達明顯自我批評的程度、且是獨立而非難以控制的。

(二)**聽眾的詢問：**聽講者常可藉對演講者的提問或評論，以擴大其在公眾溝通中的參與。在此一場合到底該怎麼說？以下的建議或可供參考：

1. 講話應讓人聽清楚。

2. 問題需簡潔。

3. 一次只問一個問題。

4. 避免意有所指的問題。

5. 瞭解自己的動機；你真的在問問題嗎？或你想發表自己的看法？或只是想引起別人對自己的注意？

以上所提的當然是理想狀況下聽眾的詢問方式，不過要是聽眾的詢問並未有如此理想的回應，則演講者似應該知所因應了。

㈢**聽眾的批判性**：在公眾演講中，出現具有批判性的聽眾，不必視為意外。做為一個批判性的聽講者，多會先瞭解演講者想要表達的觀點，其次再對演講者用作佐證的支持方式加以評鑑。聽講者對演講者所提出作為佐證的支持性資料，值得加以注意的大致有以下四種：

1. 實例（example）：批判性的聽講者應注意舉例是否切合演講者所提的論點，以及少數實例是否可以遽下結論。

2. 統計（statistics）：吾人須知「統計不說謊，但說謊者使用統計」（statistics don't lie, but liars use statistics）。

3. 引用他人的陳述（quotation）：具有聲望者或專家之言，常更具有說服力；但聽講者應注意專家所言是否屬於其所專；有時引用他人的陳述只是在彰顯演講者個人的可信度，而非其觀點的正確性。聽講者須注意證據是否真實或只是表面對演講者論點的支持。

4. 類推（analogy）：即指出兩件不同事情間的相似性。批判性的聽講者首先應注意演講者所做類推的恰當性，其次再考慮其類推運用的可能限制。

上述四種常被用到的支持性資料，固然可供批判性的聽講者參考，但也未嘗不是演講者在提供恰當的講演內容時所該注意的。

㈣**聽眾的防衛行為**：一旦演講者或聽眾出現防衛行為（defensive behavior），則彼此的溝通互動將發生困難。吾人似應注意下列防衛行為的產生與減低之道：

1. 「評價」對「描述」：聽眾如覺得受到演講者的「評價」（特別是負面的），則易於出現防衛行為。演講者若能採取客觀與事實的「描述」，則聽眾的防衛行為將會減低或不致發生。

2. 「控制」對「問題取向」：「控制」取向的演講，是演講者將其個人的意志強加在聽者身上。演講者若能採取「問題取向」，

則與聽眾將是協助的關係；他們將集體處理或解決共同關心的
問題。

3. 「策略」對「自發性」：聽眾如認為演講者在運用含糊、未指
明的目標之「策略」，則易於表現防衛行為。但有根據的、公
開、更任性的、真誠、適應性的「自發性」演講，將可營造支
持性的氣氛。

4. 「中性」對「同理心」：冷淡、非人性、疏遠的演講會讓聽眾
覺得演講者對他們缺乏關心。演講者若表現同理心，則可使聽
眾安心，並減低彼等的防衛行為。

5. 「優越感」對「平等觀」：演講者若表現「優越感」的溝通態
度，則易引起聽眾的防衛。但若以「平等」的態度演講，則可
消除防衛。

6. 「確定性」對「暫時性」：演講者若表現出知道所有答案、不
需要其他的資料、並自以為權威而非參與的一員，則易引起聽
眾的防衛行為。但演講者若持暫時性的態度，對其意見與信仰
保持彈性，並對新穎與更好的意見表現開放的態度，將可減低
聽眾的防衛行為。

第三節　從事有效的公眾溝通

一、演講者的形象

從事對公眾的演講，吾人如欲發揮對聽眾的影響力，除了對演講
資料做好準備，演講時做有效的表現之外，消息來源的可靠性與溝通

的態度也攸關演講者的形象，茲分別敘述於後：

（一）**消息來源的可靠性：**吾人評估消息來源的可靠性（source credibility）時，常會注意到權威性（authoritativeness）、個性（character）、外在可靠性（extrinsic credibility）、及內在可靠性（intrinsic credibility）這幾個面向。權威性或稱專業性（expertness），是指講演者對某一主題被知覺到能掌握的程度；換言之，我們認為講演者有多聰明、見多識廣、能幹、和受尊敬的。個性是指講演者被知覺到的意向與可信賴的程度；亦即講演者所顯示的有多客觀、可靠、動機良好、和有人緣的。至於外在可靠性是指講演者在演講前就存在的形象。而內在可靠性是指講演者的演講所塑造的形象。通常講演者可藉確立他與聽眾間共同的立場而提升其內在可靠性。對可靠性的個性面向有影響的是幽默（humor）的運用。聽眾會更喜歡運用幽默的講演者。此外，在聽眾當中有人似會出現睡眠者效應（sleeper effect）的現象。睡眠者效應似出自聽眾分離消息來源與資訊的傾向，這可能係因為他忘掉誰是消息的來源所致。如果我們能提醒聽眾資訊的來源，則能克服睡眠者效應的發生。

（二）**溝通的態度：**為塑造演講者良好的形象，演講者似應表現下列的溝通態度：

1. 責任感：演講者應適當與謹慎地善用，而非濫用演講的機會。
2. 人性關懷：演講者應對聽眾表現善解與關心。
3. 信心：演講者應對演講表現具有熱忱與自信。
4. 溝通的願望：演講者應顯示欣喜有機會跟聽眾互動。

二、演講的準備

凡事豫則立，不豫則廢。吾人如欲提升公眾演講時溝通的效能，

或許應注意以下兩方面的努力：

(一)好好地對演講的內容先行加以組織，亦即應注意演講內容的結構。

(二)選擇適當的講演策略：此乃涉及說話的結構與內容的表現，亦即採用適當的策略以運用或處理相關的訊息變項。

對於前述溝通內容的組織與適當溝通策略的選擇，皆涉及演講的準備問題。吾人在從事演講的準備時，通常可遵循下列六個步驟：

(一)確定演講的目的。

(二)決定題目。

(三)寫下你主要的想法。

(四)發展你主要與附屬的觀點。觀點的排列可參考下列的方式：

1.按論題排列。

2.按時間順序排列。

3.按空間關係排列。

4.按問題——解決的順序排列。

5.按因——果的順序排列。

(五)搜集支持性資料。

(六)寫下結論、引言、與論述的轉折。

在演講的準備過程中，吾人對於講題的選擇、演講內容的變項、演講內容的組織、演講資源的運用、支持性材料、如何開始與結束等，皆應有所考慮，茲分別說明於下。

(一)**講題的選擇**：在選擇演講題目時，須注意下列事項：

1.題目應切合聽眾的興趣、期望與背景。

2.講自己最在行的題目。

3.透過讀、聽、看以便搜集最新資訊，以供選擇演講題目之參考。

4.必要時可縮小講題，以便能在時限內完成演講。

㈡**演講內容的變項：**所謂演講內容的變項是指演講時所提供之訊息的變項。它們是指會影響如何組織訊息內容的議題而言。這些關係到演講內容的運用之變項，值得注意的有以下幾方面：

1.「單方面」或「雙方面」觀點較有說服力的問題。

2.「明說」或「暗示」的結論較有說服力的問題。

3.「恐嚇」或「不恐嚇」較有說服力的問題。

4.對論點強度的呈現採「漸升法」或「漸降法」較有說服力的問題。

5.想要對聽眾「產生多少改變」的問題。

對於上述這些演講內容的變項，吾人在從事演講內容的準備時，確應慎加斟酌，以期能夠提出具有說服力的演講，並能對聽眾產生實質的影響。

㈢**演講內容的組織：**吾人在演講時，能具體明確指出演講的目的及演講的重點是很重要的。此外，提供聽眾井然有序、條理清楚的演講內容，也是演講者的責任。而要發揮這樣的演講成效，則有賴對演講內容作適當的組織。我們在組織演講的內容時，通常可參考以下的方式：

1.按年代次序加以組織。

2.依空間習慣：如由上至下（或由下至上）、從北到南、從大到小、從近到遠等加以組織。

3.採比較法加以組織。

4.採分類法加以組織。

5.按程序加以組織。

6.按因果加以組織。

7.按引起動機的順序加以組織：依據聽眾心理採取以下的順序加以陳述：

(1)引起注意。

(2)描述需要或問題。

(3)提出滿足需要或解決問題之道。

(4)說明採用或不採用解決方案的結果。

(5)告訴聽眾該採取的行動。

㈣**演講資源的運用：**利用各種資源以搜集演講相關資料。目前能提供演講相關資料的管道，除傳統的圖書館、博物館等文教機構之圖書、報章、雜誌、期刊、文物等之外，網際網路也是重要、快速、而有效的演講資料來源。

㈤**支持性材料：**演講者在講演時所提供的觀點或見解，常需要透過適當的資料加以支持。而常見的支持性材料大致如下列的項目：

1.提供定義與解釋。

2.呈現統計數據。

3.提供圖解與例子。

4.提供比較與對照。

5.提出證據與故事。

6.引用證詞。

7.重新敘述與重複陳述。

㈥**如何開始與結束：**演講開始時應能引起聽眾的興趣與注意力、強調演講的具體目的、重要性、及其與聽眾的切身關係，建立演講者在講題上的權威性、並和聽眾建立某種的聯繫接觸。演講開始時所做的前言，如欲發揮上述的作用，則下列的作法或可供參酌：

1.說出演講的主題或場合。

2.提及個人的故事或遭遇。

3.刻意請教聽眾問題。

4.作出語出驚人之舉。

5.引用他人名言。

6.運用和演講有關且具有品味的幽默故事。

7.講述實際的例子。

其次,演講結束時有效的結語應能使聽眾專注於演講的主題。演講中所提及之理念與建議的行動,皆可在結語中做重點的歸納。另外,結語也應適當地帶動聽眾的情緒,以營造演講的高潮。為使演講劃下結束與決定性完美的句點,以下的策略或有參考的價值:

1.向聽眾提出挑戰或應負的責任,要求聽眾支持、許下承諾或採取行動,以結束演講。

2.將演講內容摘要、歸納重點,再次重複或強調。

3.引用他人名言,以彰顯演講的精華。

4.運用具涵蓋與決定性的實例。

5.提出額外的理由,以鼓勵聽眾支持演講所提的信念或採取行動。

6.表明本身的意向或率先採取行動。

7.營造一個戲劇性或具有情緒氣氛的結尾。

三、演講的表現

人們在從事公眾演講時,所採取的演講方式,常見的大致有下列五種主要的類型:

㈠即興演講(impromptu speech):即很少或沒有準備的演說。通常給予演講者的準備時間極短,甚至於要求被點到名須立刻發言。

㈡臨場演講(extemporaneous speech):頂多僅用最少限度的摘要,如某些詞彙或關鍵字,以進行演講。

㈢照稿宣讀(reading from manuscript):即演講稿已準備好,而照

著稿子唸的演講方式。

㈣背誦式演講（memorized speech）：即整篇演講已事前準備，打好草稿，且加以記憶，最後再背誦著講出來。

㈤依備忘錄演講：此為臨時發言的表現法，備忘錄即為其演講的要點。

不管採用何種演講的方式，成功的演講表現似乎應注意演講環境的安排、適當的言語、演講的流暢性、演講的台風、及與聽眾的互動等。茲將這幾方面該注意的問題分別說明於下：

㈠**演講環境的安排：**可能影響演講成敗的物理環境之安排，值得注意的問題主要包括下列三方面：

    1. 空間型態（環境）：例如是室內或室外、空間有多大等。

    2. 聽眾座位的安排：如聽眾座位是如何排列的、聽眾和演講者的距離等。

    3. 講壇的安排：如講壇的高度、布置、可使用的面積、有無擴音器等。

針對上述這些演講環境因素所可能出現的狀況，演講者對其演講可能的影響應預作評估，並該妥為因應。例如，演講時有無擴音器的問題，有時即是需要和聽眾座位的安排一併加以考慮的。

㈡**適當的言語：**吾人演講時對所欲傳達的訊息之敘述貴在得體。我們若欲表達得當，則在注意遣詞用字及對語言的敏感性時，似可參考下列的原則：

    1. 選擇正確的字眼：正確字眼的選擇可根據下列原則：

    ⑴所選擇的字眼能確切說出你想表達的意思。

    ⑵當簡單的字能充分表達時，就用吧！

    ⑶以文字來潤飾圖畫。

    ⑷訴諸感覺。

(5)訴諸情緒。

　　(6)確定所選的字適合你的目的與情境。

　2.造句：造句時須注意下列原則：

　　(1)主動語態優於被動語態。

　　(2)避免使用導致句子錯亂的修飾語。

　　(3)在一個句子中，以最直接的途徑將意見導引至結論。

　㈢**演講的流暢性：**流暢的講演者不僅能助益其在聽眾眼中的形象，當從事說服性的演講時，也會產生更多態度的改變。好的演講型態（delivery）不只講究流暢性，也包括有效使用許多視覺與聲音的提示，如眼光接觸、手勢、身姿、一般外表、以及音量、音調、音質、說話的速率等。此外，有效的演講型態也要求自然（naturalness）與沈穩（poise）。

　㈣**演講的台風：**演講表現的風格包羅甚廣，諸如不同的外貌、穿著、姿態、風度、聲調、遣詞用字、組織條理等，皆可能產生不同的效果。演講者為發揮良好的演講素質，在講壇上似應有下列適切的行為表現：

　1.身體的有效運用。諸如：

　　(1)姿態（posture）。

　　(2)動作（movement）。

　　(3)手勢（gestures）。

　　(4)表情（facial expression）

　2.聲音的有效運用。諸如：

　　(1)速度（rate）。

　　(2)節奏（rhythm）。

　　(3)音調（pitch）。

　　(4)音量（volume）。

(5)音質（quality）。

3.視覺輔助媒體的有效運用。諸如：

(1)照片與幻燈片。

(2)錄影帶與影片。

(3)板書與繪圖。

(4)投影片。

(5)圖片與表格。

(6)模型。

(7)實物。

(五)**與聽眾的互動：**在公眾演講的場合，演講者與聽眾之間有交流互動是十分自然的事。然而，對於演講者而言，似應特別注意下列兩個跟聽眾有關的議題：

1.聽眾的分心：當聽眾出現分心現象時，吾人若欲保持聽眾對演講的注意，似可考慮下列的作法：

(1)將重要的觀點於演講之初或演講之末（或兩者皆有）提出。

(2)重複提出重要的觀點以示強調。

(3)預告某些議題的重要性。

(4)善用演講表現的技巧，以表達對演講與聽眾的承諾。

2.回答問題：演講者在回答問題時，似可把握下列原則：

(1)有效控制時間。

(2)回答問題應面對全體聽眾。

(3)最多聽眾參與原則。

(4)回答問題儘可能簡潔。

(5)回答問題應誠摯有禮。

(6)演講者儘可能在最後有發言的機會，以強調某些重要觀點。

參考文獻

一、中文參考文獻

王慧君（民 74）：團體工作的基本技術。輯於救國團「張老師」主
　　編：團體領導者訓練實務，71-256。台北市：張老師出版社。

朱秉欣（民 64）：怎樣改善人際關係。台中市：光啟。

李東白（民 70）：諮商的理論與技術。台中市：昇朝。

宋湘玲、林幸台、及鄭熙彥（民 74）：學校輔導工作的理論與實施。
　　高雄市：復文。

何華國（民 91）：特殊兒童親職教育。台北市：五南。

俞成業（民 74）：溝通與管理。台北市：財團法人基督教論壇基金會。

陳彥豪譯（民 88）：非語言傳播。台北市：五南。譯自 M. L. Knapp &
　　J. A. Hall (1992). Nonverbal communication in human interaction.

陳淑珠與張玉佩譯（民 87）：演說傳播原理。台北市：五南。譯自 B.
　　E. Gronbech, K. German, D. Ehninger & A. H. Monroe (1995). Principles
　　of speech communication.

曾仕強與劉君政（民 80）：圓滿的溝通。台北市：伯樂。

盧蓓恩譯（民 89）：人際溝通：目標本位取向。台北市：五南。譯自
　　D. J. Canary & M. J. Cody (1994). Interpersonal communication: A goals-
　　based approach.

 人際溝通

二、英文參考文獻

Alexander, H. G. (1969). *Meaning in language*. Glenview, Ill.: Scott, Foresman.

Altman, I. & Taylor, D. A. (1973). *Social penetration: The development of interpersonal relationships*. New York: Holt, Rinehart and Winston.

Argyle, M. (1969). *Social interaction*. New York: Atherton Press.

Argyle, M. (1979). Non-verbal communication in human social interaction. In R. A. Hinde (Ed.). *Non-verbal communication*, 243–269. Cambridge: Cambridge University Press.

Auth, G. (January 2003). How to be a winner in the international arena. *The Toastmaster*, 13.

Bales, R. F. (1970). *Personality and interpersonal behavior*. New York: Holt, Rinehart and Winston.

Baxter, J. C. (1970). Interpersonal spacing in natural settings. *Sociometry, 33,* 444–456.

Baxter, L. A. (1987). Symbols of relationship identity in relationship cultures. *Journal of Social and Personal Relationships, 4,* 261–280.

Bennis, W. G. & Shepard, H. A. (1956). A theory of group development. *Human relations, 9,* 415–457.

Bergner, R. M. & Bergner, L. L. (1990). Sexual misunderstanding: A descriptive and pragmatic formulation. *Psychotherapy, 27,* 464–467.

Berlo, D. K. (1960). *The process of communication: An introduction to theory and practice*. New York: Holt, Rinehart and Winston.

Bernstein, B. (1970). A sociolinguistic approach to socialization: With some reference to educability. In F. Williams (Ed.). *Language and Poverty: Per-*

spectives on a theme. Chicago: Markham.

Berne, E. (1961). *Transactional analysis in psychotherapy*. N.Y.: Grove.

Berscheid, E., Snyder, M. & Omoto, A. (1989). Issues in studying close relation-ships: Conceptualizing and measuring closeness. In C. Hendrick (Ed.). *Close relationships*, 63−91. Newbury Park, CA: Sage.

Birdwhistell, R. L. (1955). Background to kinesics. *Etc., 13*, 10−18.

Brilhart, J. K. (1967). *Effective group discussion*. Dubuque, Iowa: William C. Brown.

Brownfield, C. A. (1965). *Isolation: Clinical and experimental approaches*. New York: Random House.

Buber, M. (1957). Distance and relation. *Psychiatry, 20*, 97−104.

Burgoon, J. K. (1994). Nonverbal signals. In M. L. Knapp & G. R. Miller (Eds.). *Handbook of interpersonal communication*, 229−285. Thousand Oaks, CA: SAGE Publications.

Canary, D. J., Cupach, W. R. & Messman, S. J. (1995). *Relationship conflict*. Thousand Oaks, CA: Sage Publications.

Cartwright, D. & Zander, A. (1968). *Group dynamics*. New York: Harper & Row.

Conville, R. L. (1983). Second-order development in interpersonal communica-tion. *Human Communication Research, 9*, 195−207.

Cooley, C. H. (1956). *Human nature and the social order*. Glencoe, Ill.: The Free Press.

Dance, F. E. X. (1967). Toward a theory of human communication. In F. E. X. Dance (Ed.). *Human communication theory: Original essays*. New York: Holt, Rinehart and Winston.

Duck, S. (1973). Interpersonal communication in developing acquaintance. In G.

R. Miller (Ed.). *Explorations in interpersonal communication*, 127−148. Beverly Hills, CA: Sage.

Eddy, W. B. & Lubin, B. (1973). Laboratory training and encounter groups. In J. L. Lee & C. J. Pulvino (Eds.). *Group counseling: Theory, research, and practice*, 33−46. Washington, D.C.: APGA Press.

Ekman, P. (1965). Differential communication of affect by head and body cues. *Journal of Personality and Social Psychology, 2*, 726−735.

Ekman, P. & Friesen, W. V. (1969). The repertoire of nonverbal behavior: Categories, origins, usage, and coding. *Semiotica 1*, 49−98.

Ekman, P. & Friesen, W. (1975). *Unmasking the face: A guide to recognizing emotions from facial expressions*. Englewood Cliffs, NJ: Prentice-Hall.

Festinger, L. (1954). A theory of social comparison processes. *Human Relations, 7*, 117−140.

Festinger, L. (1963). An introduction to the theory of dissonance. In E. P. Hollander and R. G. Hunt (Eds.). *Current perspectives in social psychology*, 351−361. New York: Oxford University Press.

Fisher, B. A. & Adams, K. L. (1994). *Interpersonal communication: Pragmatics of human relationships*. New York: McGraw-Hill.

Gardiner, J. C. (1971). A synthesis of experimental studies of speech communication feedback. *Journal of Communication, 21*, 17−35.

Gerbner, G. (Summer 1956). Toward a general model of communication. *Audio Visual Communication Review, 4(3)*, 171−199.

Gibb, J. R. (1961). Defensive communication. *Journal of Communication, 11*, 141−148.

Gleason, H. A. (1961). *An introduction to descriptive linguistics*. New York: Holt, Rinehart & Winston.

Goleman, D. (1998). *Working with emotional intelligence*. New York: Bantam.

Gordon, T. & Sands, J. G. (1976). *P.E.T. in action*. New York: G. P. Putnam's Sons.

Hall, E. T. (1966). *The hidden dimension*. Garden City, N.Y.: Doubleday.

Haney, W. V. (1973). *Communication and organizational behavior*. Homewood, Ill.: Irwin.

Hare, A. P. (1962). *Handbook of small group research*. New York: Free Press.

Hargie, O. (1986). Communication as skilled behavior. In O. Hargie (Ed.). *A handbook of communication skills*. New York: New York University Press.

Harms, L. S. (1961). Listener judgments of status cues in speech. *Quarterly Journal of Speech, 47*, 164−168.

Heider, F. (1958). *The psychology of interpersonal relations*. New York: Wiley.

Homans, G. C. (1950). *The human group*. New York: Harcourt, Brace and World.

Horner, M. (1969). Fail: Bright women, *Psychology Today, 3*, 36−38, 62.

Howard, J. W. & Dawes, R. M. (1976). Linear prediction of marital happiness. *Personality and Social Psychology Bulletin, 2*, 478−480.

Humphreys, C. (1951). *Buddhism*. Harmondsworth, England: Penguin Books.

James, W. (1950). *Principles of psychology, Vol. I*. New York: Dover.

Jones, E. E. & Gerard, H. B. (1967). *Foundations of social psychology*. New York: John Wiley.

Kelley, H. H. & Thibaut, J. W. (1969). Group problem solving. In G. Lindsey and E. Aronson (Eds.). *The handbook of social psychology, 2nd ed., Vol. IV, Group psychology and phenomena of interaction*, 1−101. Reading, Mass.: Addison-Wesley.

Kendon, A. (1967). Some functions of gaze-direction in social interaction. *Acta Psychologica, 26,* 22−63.

Knapp, M. L. (1972). *Nonverbal communication in human interaction.* New York: Holt, Rinehart and Winston.

Knapp, M. L. (1984). *Interpersonal communication and human relationships.* Boston: Allyn & Bacon.

Larson, C. (1969). Forms of analysis and small group problem solving. *Speech Monographs, 36,* 452−455.

Lasswell, H. D. (1948). The structure and function of communications in society. In Lyman Bryson (Ed.). *The communication of ideas.* New York: Harper & Row.

Lasswell , H. D. (1964). The structure and function of communication in society. In Lyman Bryson (Ed.). *The coImmunication of ideas.* New York: Cooper Square Publishers.

Littlejohn, S. W. (1999). *Theories of human communication.* Belmont, CA: Wadsworth.

Luft, J. (1969). *Of human interaction.* Palo Alto, CA: National Press.

Maslow, A. H. (1943). A theory of human motivation. *Psychological Review, 50,* 370−396.

McCroskey, J. C. & McCain, T. A. (1974). The measurement of interpersonal attraction. *Speech Monographs, 41,* 261−266.

Mead, G. H. (1934). *Mind, self, and society.* Chicago: University of Chicago Press.

Mehrabian, A. & Wiener, M. (1967). Decoding of inconsistent communications. *Journal of Personality and Social Psychology, 6,* 109−114.

Mellinger, G. D. (1956). Interpersonal trust as a factor in communication. *Jour-*

nal of Abnormal and Social Psychology, 52, 304−309.

Metts, S. & Bowers, J. W. (1994). Emotion in interpersonal communication. In M. L. Knapp & G. R. Miller (Eds.). *Handbook of interpersonal communication*. 508−541. Thousand Oaks, CA: SAGE Publications.

Miller, G. A. (1956). The magical number seven, plus or minus two: Some limits on our capacity for processing information, *Psychological Review, 63*, 81−97.

Moray, N. (1970). *Attention: Selective processes in vision and hearing*. New York: Academic Press.

Moreno, J. (1943). Sociometry in the classroom. *Sociometry, 6*, 425−428.

Newcomb, T. M. (1953). An approach to the study of communicative acts. *Psychological Review, 60*. 393−404.

Ohlsen, M. M. (1970). *Group counseling*. New York: Holt, Rinehart and Winston.

Passero, K. (2002). Travel do's & don'ts. *Advanced Studio Classroom, December*, 23−25.

Planalp, S. & Honeycutt, J. (1985). Events that increase uncertainty in personal relationships. *Human Communication Research, 11*, 593−604.

Powell, J. (1969). *Why am I afraid to tell you who I am*? Chicago: Argus Communications.

Rankin, P. T. (1929). Listening ability. In *Proceedings of the Ohio State Educational Conference*. 235. Columbus, Ohio: Ohio State University Press.

Rawlins, W. K. (1981). *Friendship as a communicative achievement: A theory and an interpretive analysis of verbal reports*. Doctoral dissertation, Temple University, Philadelphia.

Redding, W. C. (1970). *Graduate lectures in interviewing*. Purdue University.

Ridgeway, M. (January 2003). Shhh! You can't talk about that! *Studio Classroom,* 29−31.

Rogers, C. (1951). *Client-centered therapy.* Boston: Houghton Mifflin.

Rokeach, M. (1960). *The open and closed mind.* New York: Basic Books.

Arnett, R. C. (1986). The inevitable conflict and confronting in dialogue. In J. Stewart (Ed.). *Bridges, not walls,* 272−279. New York: Random House.

Ruesch, J. & Kees, W. (1956). *Nonverbal communication: Notes on the visual perception of human relations.* Berkeley and Los Angeles: University of California Press.

Samovar, L. A., Brooks, R. D. & Porter, R. E. (1969). A survey of adult communication activities. *Journal of Communication, 19,* 301−307.

Schramm, W. (1955). How communication works. In W. Schramm (Ed.). *The process and effects of mass communication.* Urbana: University of Illinois Press.

Schutz, W. C. (1958). *FIRO: A three-dimensional theory of interpersonal behavior.* New York: Holt, Rinehart & Winston.

Schutz, W. C. (1966). *The interpersonal underworld.* Palo Alto, CA: Science and Behavior Books.

Schutz , W. C. (1967). *Joy: Expanding human awareness.* New York: Grove.

Shannon, C. E. & Weaver, W. (1949). *The mathematical theory of communication.* Urbana: University of Illinois Press.

Shannon, C. E. & Weaver, W. (1964). *The mathematical theory of communication.* Silverman (1970) Silverman (1970) Silverman (1970) Urbana: University of Illinois Press.

Shaw, M. E. (1976). *Group dynamics: The psychology of small group behavior.* New York: McGraw-Hill.

Sherif, M. & Sherif, C. W. (1969). *Social psychology*. New York: Harper & Row.

Sieburg, E. (1972). *Toward a theory of interpersonal confirmation*. University of Denver.

Silverman, J. (1970). Attentional styles and the study of sex differences, In D. I. Mostofsky (Ed.). *Attention: Contemporary theory and analysis*, 61. New York: Appleton-Century-Crofts.

Shostrom, E. L. (May 1969). Group therapy: Let the buyer beware. *Psychology Today*, 2, 36−39.

Swensen, C. H. Jr. (1973). *Introduction to interpersonal relations*. Glenview, Illinois: Scott, Foresman and Company.

Trenholm, S. & Jensen, A. (2000). *Interpersonal communication*. Belmont, CA: Wadsworth.

Tubbs, S. L. & Moss, S. (1974). *Human communication : an interpersonal perspective*. New York: Random House.

Tubbs, S. L. & Moss, S. (1978). *Interpersonal communication*. New York: Random House.

Vygotsky, L. S. (1962). *Thought and language*. Edited and translated by Eugenia Hanfmann and Gertrude Vakar. Cambridge, Mass.: M. I. T. Press.

Walters, R. (1984). Forgiving: An essential element in effective living. *Studies in Formative Spirituality, 5*, 365−374.

Warr, P. B. & Knapper, C. (1968). *The perception of people and events*. New York: John Wiley.

Weaver, C. M. (1974). *Human listening: Processes and behavior*. Indianapolis: Bobbs-Merrill.

Webb, Ralph Jr. (1975). *Interpersonal speech communication: Principles and practices*. Englewood Cliffs, NJ: Prentice-Hall.

Wilmot, W. (1995). *Relational communication*. New York: McGraw-Hill.

Winch, R. F. (1958). *Mate selection: a study of complementary needs*. New York: Harper & Brothers.

Wood, J. T. (2002). *Interpersonal communication: Everyday encounters*. Belmont, CA: Wadsworth/Thomson Learning.

索　引

一、人名部分

二、名詞部分

(一)漢英對照

人際溝通

(二)英漢對照

索 引

國家圖書館出版品預行編目資料

人際溝通＝Interpersonal communication／何華
國著. --二版. --臺北市：五南, 2005 [民94]
面； 公分
參考書目：面
含索引
ISBN 978-957-11-3877-0（平裝）
1.溝通 2.人際關係
177.1 94001964

1Z74
人際溝通

作 者 — 何華國(52)

發 行 人 — 楊榮川

總 經 理 — 楊士清

副總編輯 — 陳念祖

編 輯 — 李敏華

出 版 者 — 五南圖書出版股份有限公司

地 址：106台北市大安區和平東路二段339號4樓

電 話：(02)2705-5066 傳 真：(02)2706-6100

網 址：http://www.wunan.com.tw

電子郵件：wunan@wunan.com.tw

劃撥帳號：01068953

戶 名：五南圖書出版股份有限公司

法律顧問 林勝安律師事務所 林勝安律師

出版日期 2003年 6 月初版一刷
2004年 4 月初版二刷
2005年 3 月二版一刷
2017年 8 月二版七刷

定 價 新臺幣350元